AF462457

LES REGLEMENS DES MANUFACTURES ET TEINTURES DES ETOFFES QUI SE FABRIQUENT DANS LE ROYAUME.

Avec les Arrests du Conseil rendus pour l'execution desdits Reglemens.

A PARIS,
Chez CHARLES SAUGRAIN, sur le Quay de Gêvres, à la Croix blanche.

M. DCC I.

TABLE

Du contenu en ce Recüeil des Manufactures du mois d'Aoust 1669.

TABLE.

REGLEMENT POUR LA JURISDICTION des Procés & differens concernant les Manufactures, attribuée aux Maires & Eschevins des Villes, ou autres faisans pareille fonction.

Du mois d'Aoust 1669.

LOUIS par la grace de Dieu Roy de France & de Navarre : A tous presens & à venir, SALUT. Les Ouvriers des Manufactures d'Or, & d'Argent, Soye, Laines, Fil, & des Teintures & Blanchissages s'estans beaucoup relâchez, & leurs Ouvrages ne se trouvans plus de la qualité requise, Nous aurions pour les rétablir dans leur plus grande perfection fait dresser des Statuts & Reglemens dans plusieurs Villes & principaux lieux où les Establissemens en ont esté faits : Et d'autant qu'il peut naistre des differens entre les Marchands & les Ouvriers employez ausdites Manufactures sur le fait d'icelles & desd. Statuts, dont la poursuite les distrairoit de leur travail, s'ils n'estoient traitez sommairement & pardevant des Juges qui ayent une connoissance particuliere de cette matiere, Nous avons jugé à propos d'y pourvoir par un Reglement general, & de faire expedier nos Lettres à ce necessaires. A CES CAUSES, de l'avis de nostre Conseil, & de nostre certaine science, pleine puissance & autorité Royale, Nous avons dit, statué & ordonné, & par ces presentes signées de nostre main, Disons, statuons & ordonnons, Voulons & nous plaist, que les Maires & Eschevins, Capitouls, Jurats & autres Officiers ayant pareille fonction dans les Hostels de Ville de nostre Royaume, connoissent en premiere Instance & privativement à tous autres Juges de tous les differens meus & à mouvoir entre les Ouvriers employez ausdites Manufactu-

lons qu'il n'y en puisse avoir que six au plus dans les res, & entre les Marchands & lesdits Ouvriers, pour raison des longueurs, largeurs qualitez, visites, marques, fabriques ou valeur desdits Ouvrages & Manufactures d'Or, d'Argent, de Soye, Laine & Fil; des qualitez des Laines, Teintures & Blanchissages; mêmes des salaires des Ouvriers employez dans lesdites Manufactures, jusques à la somme de cent cinquante livres en dernier ressort & sans appel; & par provision, à quelque somme que ce puisse estre nonobstant l'appel : Voulons que lesdits Procés soient traitez sommairement sans ministere d'Avocats ny Procureurs, & à l'Audience, sur ce qui aura esté dit & representé par la bouche des Parties; & où il y auroit quelques pieces à voir, & que les differens fussent de telle qualité qu'ils ne pûssent estre jugez sur le champ, les Pieces seront mises sur le Bureau, pour estre les differens jugez sans appointement, procedures ny autres formalitez Justice, & sans que, pour quelque cause que se puisse estre, lesdits Maires & Eschevins, Capitouls, Jurats & autres, puissent recevoir ny prendre aucuns droits, sous prétexte d'Epices, salaires ou vacations; ny les Greffiers aucuns autres droits, que deux sols seulement pour chacun feüillet des Sentences qu'ils expedieront, lesquelles Sentences seront écrites en la forme & maniere portée par les Reglemens faits pour les Jurisdictions des Juges Consuls.

Connoistront pareillement lesdits Maires & Eschevins, Capitouls, Jurats & autres, ayant pareille fonction, des Comptes des Gardes & Jurez des Communautez desdites Manufactures, qui seront rendus en la presence de l'un d'eux, gratuitement & sans frais; le tout à peine de concussion.

Et pour faciliter l'expedition desdits Procés, qui pourroient retarder par la multiplicité des Juges, Vou-

grandes Villes, dont le Conseil se trouvera composé de plusieurs Eschevins & Conseil de Ville, qui seront pris & tirez du Corps d'iceux; & nommez comme les plus intelligens dans les Manufactures, à la pluralité des voix, dont trois seront annullement changez & trois autres nommez; en sorte qu'il y en ait toûjours trois anciens & trois anciens & trois nouveaux. Et à l'égard des autres Villes & principaux Bourgs où lesdits Etablissemens se trouveront faits, il n'y en aura que deux ou trois au plus, dont l'un sortira à la fin de chacune année, à la place duquel un autre sera nommé; en sorte qu'il y en ait toûjours un ou deux anciens & un nouveau.

L'un desdits Eschevins nommez sera actuellement Marchand, on aura fait pendant six années au moins la Marchandise, à peine de nullité de son élection.

Pourront lesdits Eschevins nommez prendre les avis des Maistres & Gardes & Jurez en charge des Ouvrages desdites Manufactures, qu'ils seront tenus de leur donner en personnes, ou par écrit, aussi-tost qu'ils en seront requis, gratuitement & sans frais.

Seront tenus lesdits Eschevins nommez de juger & prononcer suivant les Statuts & Reglemens de chacun Mestier dont il s'agira, sans que les peines portées par iceux puissent estre remises ny moderées, à peine d'en répondre en leurs propres & privez noms.

Seront lesdits Ouvriers & autres Parties condamnées, contraints par corps au payement des sommes portées par les Jugemens qui interviendront, nonobstant toutes Lettres de respy, surcéances & deffenses qu'ils pourroient obtenir, que Nous avons dés à present declarées nulles & de nul effet.

Faisons tres expresses inhibitions & deffenses à tous autres Juges de connoistre des susdits differens, & aux Parties de faire aucunes poursuites pour raison de ce que dessus que pardevant lesdits Eschevins, Capitouls, Jurats, ou autres ayans pareille fonction, à peine de nullité, cassation de procedures, dépens, dommages & interests.

N'entendons neanmoins comprendre en ces Presentes nostre bonne ville de Paris, ny déroger aux Edits, Declarations & Reglemens faits en nostre Conseil concernant l'Election & Jurisdiction tant civile que Criminelle des Prevost des Marchands, Eschevins & Juges Conservateurs de la ville de Lyon, pour le fait de la Police des Arts & Mestiers, Commerce & Manufactures d'icelle, que Nous voulons estre executez selon leur forme & teneur.

Si donnons en Mandement à nos amez & feaux Conseillers, les Gens tenans nostre Cour de Parlement à Paris, que ces Presentes ils ayent à registrer, & le contenu en icelles faire garder & observer selon sa forme & teneur, cessant & faisant cesser tous troubles & empechemens qui pourroient estre mis & donnez, nonostant tous Edits, Declarations, Reglemens, Arrests, & autres choses à ce contraires, ausquelles Nous avons dérogé & dérogeons par ces Presentes, aux Copies collationnées desquelles, par l'un de nos amez Conseillers & Secretaires, foy sera ajoûtée comme à l'Original : Car tel est nostre plaisir. Et afin que ce soit chose ferme & stable, Nous avons fait mettre nostre Scel à cesdites Presentes. Donne' à S. Germain en Laye au mois d'Aoust, l'an de grace 1669. Et de nostre Regne le vingt-septiéme. Signé, LOUIS. *Et plus bas :* Par le Roy, Colbert. Et scellées du grand Sceau de cire verte, sur lacs de soye rouge & verte. *Et sur le reply est écrit.*

Leû, publié & registré, oüy & ce requerant le Procureur General du Roy, pour estre executé selon sa forme & teneur. A Paris en Parlement, le Roy y séant en son Lit de Justice, le 31. Aoust 1669. Signé, Du Tillet.

STATUTS

STATUTS, ORDONNANCES & Reglemens pour les longueurs, largeurs & qualitez des Draps, Serges, & autres Etoffes de laine & de fil, que Sa Majesté veut estre observez par tous les Marchands Drapiers, Maistres Drapans, Sergers, Ouvriers & Façonniers des Villes, Bourgs & Villages de son Royaume.

Du mois d'Aoust 1669.

PREMIEREMENT.

TOus les Draps façon d'Espagne, blans, gris & mêlez seront faits de la largeur d'une aulne & demie avec les lizieres, lesquelles lizieres ne pourront exceder deux pouces de large, & la piece aura vingt-une aulne de long.

II. Les Draps du sceau de Roüen, Darnatal, Dieppe, les seizains de Sastes, & autres de pareille sorte & qualité, les Serges à poil, Serges de Segovie, Serges de Beauvais à poil & à deux envers, Serges de S. Lo, Falaise, & Vendôme, Estamets & Serges de Dreux, de Neully, d'Orleans & de Troye, auront une aulne de large, & la piece vingt à vingt-une aulne de long.

III. Les Draps blancs forts d'Elbœuf, de Romorantin, Bourges, Issoudun, Aubigny, Vierzon, S. Genoux, Laon, Salbry, Seignelay, & autres lieux où il se fait de pareilles Marchandises, auront une aulne de large les lizieres compriſes, & quatorze à quinze aulnes de long; & les Sergers de Berry & Sologne, & les Draps de Reims, Châlons, & Chartres, auront pareille largeur que leſdits draps, & ſeront de vingt à vingt-une aulne de longueur.

IV. Les Draps de Châteauroux auront une aulne de large les lizieres compriſes, & de dix aulnes & demie à onze aulnes de long, dautant qu'ils ſe vendent à la piece.

V. Les Draps blancs de ſaint Lubin, de Giſors & d'autres lieux circonvoiſins auront une aulne & un ſeize de largeur entre les lizieres, & ſeront de vingt-huit à trente aulnes de long: & les draps gris dudit ſaint Lubin & Giſors auront une aulne de large les lizieres compriſes, & vingt aulnes de long.

VI. Les Draps de Dreux blancs & gris, de Vire, Dampierre, Cervillé, Blevy, Argentan, Ecouché, Valogne, Cherbourg, Verneüil au Perche, Senlis, Soiſſons, Meaux, Liſy, Meru, Chaſteau-Renard, Chaſteau-Renaud, Fourcarmont, Ancennes, Gamache, Auchy le Chaſteau, tant fins que moyens, auront une aulne de large les lizieres compriſes, & trente à trente deux aulnes de long.

VII. Les Ratines larges de Roüen, Dieppe, Beauvais & d'autres lieux, auront une aulne & un tiers de large les lizieres compriſes, & les étroites une aulne de large, & ſeront de quinze à ſeize aulnes de long; les demies pieces & les doubles pieces à proportion.

VIII. Les Serges raſes de ſaint Lo, celles de Caën, Frêne, Condé & Falaiſe, auront une aulne de large, & trente-cinq à quarante aulnes de long.

IX. Les Serges façon de Londres blanches, griſes, & mêlées qui ſe font à Seignelay, Abbevil'e, Reims, ſaint Lo, Gournay, & autres lieux auront deux tiers & demy de large, & vingt aulnes de long.

X. Les Serges drapées larges, blanches & grises, de Beauvais, Sedan & Mouy, seront sans lizieres, & auront une aulne de large, & vingt aulnes de long.

XI. Les autres Serges moyennes de laine pure blanche & grises de Mouy, Merlou, Meru, Sedan, Mezieres, Donchery, Tricot, Nantes, Boüilbecq, Haute-épine, & d'autres lieux où il s'en fait de pareille sorte, auront deux tiers de large & vingt-une aulne de long, & celles qui ne seront pas de laine pure auront la liziere bleuë, & auront mesme longueur & largeur.

XII. Les Serges d'Amiens façon d'Ascot blanches & de toutes couleurs auront une aulne de largeur, & vingt-une aulne de longueur.

XIII. Les Serges façon de Chartres, appellez Serges à la Reine, auront demie aulne de largeur, & vingt-une aulne de longueur.

XIV. Les Rases façon de Châlons auront demie aulne demy quart de large, & vingt-une aulne de long.

XV. Les Serges façon de Seigneur auront trois quartiers de large, & vingt-une aulne de longueur.

XVI. Les Serges appellées d'Ypres & d'Ascot seront d'une aulne de large, & vingt-une aulne de long.

XVII. Les Serges de Colles, cy-devant appellées façon d'Aumalle auront demie aulne demy quart de large, & vingt une aulne de long.

XVIII. Toutes sortes de Camelots, & mesme les Camelots de l'Isle & fil retors auront demie aulne de largeur, & vingt-une aulne de longueur; & les larges auront trois quarts de largeur & vingt une aulne de longueur.

XIX. Tous les Baracans blancs, gris & mêlez seront de deux largeurs; sçavoir, de demie aulne de large, & de vingt-une aulne de long; & de trois quartiers de largeur, & vingt-trois aulnes de longueur.

XX. Les Etamines, Serges appellées de Rome croisées & lices, les Dauphines, les Indiennes, les Castagnettes, les Ferandines & Burails à contrepoil, les Marguerites, les Droguets blancs, gris & de toutes couleurs, auront demie aulne de largeur, & vingt-une aulne de longueur.

XXI. Les Rases de Reims, de Châlons & des lieux circonvoisins, blanches, grises & marbrées, auront demie aulne demy quart de large, & reviendront estant foulées à vingt aulnes & un quart, & jusques à trente aulnes de long; La Draperie desdits lieux se fera selon leurs Statuts.

XXII. Les Etamines de Reims, de Châlons & des lieux circonvoisins, Nogent le Rotrou, Authon, Montmiral, Basoches, Lude & autres lieux, auront demie aulne de large, & onze à douze aulnes de long.

XXIII. Les Frocs qui se fabriquent à Lizieux & Bernay en Normandie, auront demie aulne de largeur estant foulez, & auront vingt-quatre à vingt-cinq aulnes de longueur.

XXIV. Les Serges de Chartres, d'Illiers, Nogent le Rotrou, Pontgoin, & autres lieux des environs où il s'en fait de pareilles fines & moyennes, auront demie aulne de large estant foulées, & vingt aulnes & demies de long. Et la Draperie de Chartres se fera selon ses Statuts.

XXV. Les Serges d'Aumalle, Grandvilliers, Feuqueres, & de tous les lieux circonvoisins, tant blanches que grises auront demie aulne demy quart de large, & trente-huit à quarante aulnes de long.

XXVI. Les Serges de Crevecœur, Blicourt &

tous les lieux circonvoisins tant blanches que grises, auront, sçavoir les larges, demie aulne demy quart de largeur, & vingt aulnes & demie de longueur étant foulées ; & les étroites auront demie aulne de large, & pareille longueur estant foulées.

XXVII. Tous les Droguets blancs, gris mêlez, plains, rayez & façonnez qui se font dans tout le Royaume, de laine pure, & mêlez de soye ou de fil, auront demie aulne & un douze de large, & de trente-cinq à quarante aulnes de long.

XXVIII. Les Tiretaines blanches & grises faites de laine & fil, auront trois quartiers de large, & trente-cinq à quarante aulnes de long, le tout aulnage de Paris ; & les chaînes de toutes lesdites étoffes auront le nombre de fils suffisant & convenable à leur largeur, pour les rendre de la finesse, bonté, & force requise à leur espece & qualité.

XXIX. Les Serges étroites de la ville de Roye auront deux tiers de large, & vingt-une aulne de long ; & celles qui ne seront pas de laine pure auront la liziere bleuë, & mesme longueur & largeur que les susdites.

XXX. Il ne sera desormais fait aucunes Etoffes de si petit prix qu'elles puissent estre, par tel Drapant ou Serger, & par qui que ce soit, qu'elles n'ayent une demie aulne de large mesure de Paris.

XXXI. Enjoint à tous les Maistres Drapiers, Drapans & Sergers de faire des Lizieres des draps de pareille longueur que l'étoffe, afin que les draps & serges soient plus aisez à tondre, & qu'ils ne soient mal unis ; & faire lesdites lizieres suffisamment fortes, à ce qu'elles ne viennent à se déchirer en mettant les draps seicher.

XXXII. Toutes les Etoffes de laine & de fil de même nom, ou même sorte & qualité que celles cy-dessus ; & qui n'ont pû y estre specifiées, auront uniformément même longueur & largeur que les susdites de leur sorte & qualité, dans toute l'étenduë du Royaume ; & seront lesdits Draps, Serges, & autres étoffes de même & uniforme force & bonté en toute la longueur & largeur de la piece, sans aucune difference ; Et ne pourront les Tisserans & Ouvriers ourdir les chaînes desdites étoffes, sinon aux largeurs cy-devant exprimées, ny employer des laines, fils, & autres matieres plus fines à un bout de la piece qu'en tout le reste de sadite longueur & largeur ; le tout à peine de confiscation, & vingt livres d'amende pour chacune contravention.

XXXIII. Pour faire soigneusement observer les longueurs & largeurs desdits Draps, Serges & autres Manufactures de laine & de fil cy-devant exprimées, quatre mois aprés la publication des Presentes, toutes les lames & rots des Métiers desdites Manufactures seront changez & remis à la largeur & grandeur cy-devant prescrite pour lesdites Manufactures. Et où il se trouveroit aucuns Métiers aprés ledit temps passé qui ne fût de la susdite largeur, ils seront actuellement rompus pour estre refaits à la sudite largeur & grandeur, & ceux ausquels ils appartiendront, condamnez en trois livres d'amende pour chacun Métier.

XXXIV. Les Corps & Communautez des Métiers de Drapier & Serger de toutes les Villes & Bourgs du Royaume seront composez indifferemment de tous les Maistres qui ont esté reçus ausdits Métiers, ou qui les exercent en vertu des Lettres Patentes que Sa Majesté & ses predecesseurs Rois leurs auroient accordées : En consequence de ce, ils continuëront l'exercice desdits Mestiers paisiblement & sans aucun trouble, à la charge de faire inscrire leurs noms & qualitez de Maistres : tant sur les Registres des Juges des lieux, qui auront droit de connoistre de la police desdites Manufactures, que sur celuy de leur Communauté, un mois aprés la publication des presens Statuts & Reglemens ; faute de ce ledit temps passé, ils ne pourront exercer la Maîtrise desdits Mestiers sans la permission desdits Juges de Police, ou sans faire leur apprentissage en la maniere qui sera dite cy-aprés ; & toutes autres personnes que les Maistres desdits Mestiers sans exception, ne pourront s'immiscer de faire des Draps, Serges, ny autres Etoffes, à peine de confiscation d'icelles, & de cent cinquante livres d'amende.

XXXV. Pour maintenir les Maistres & Communautez desdits Mestiers dans l'union & la bonne intelligence en laquelle ils doivent vivre, & pour tenir la main à l'execution des presens Statuts & Reglemens, sera nommé par chacun an à la pluralité des voix, le meme jour que lesdites élections ont esté cy-devant faites, & pour les lieux où n'en a esté fait à tel jour qui sera reglé par les Officiers qui ont droit de le faire, le nombre de Gardes ou Jurez desdits Métiers de Drapiers & Sergers qu'ils aviseront bon estre, eu égard aux lieux où se feront lesdites élections ; lesquels Jurez prêteront le serment pardevant lesdits Officiers, de bien & duëment exercer leur commission pendant le temps d'icelle, qui ne pourra estre moins que d'une année ; & lesdits Jurez sortans de charge, sera procedé à nouvelle élection d'autres Jurez en leur lieu, mais de maniere qu'il y reste toûjours deux anciens, ou un au moins pour instruire les nouveaux, & ainsi successivement d'année en année le mesme ordre sera toûjours observé. Et seront obligez lesdits Gardes ou Jurez de bien & deuëment faire ladite Commission,

& fidellement faire leur rapport au Juge de Police des Manufactures de toutes les contraventions qui pourroient estre faites aux presens Statuts & Reglemens, à peine d'interdiction de ladite Commission & de la Maistrise. Ne pourront les Maistres, Compagnons & & Apprentifs desdits Mestiers s'assembler pour l'élection desdits Jurez, ny pour quelques autres affaires que se puisse estre, s'ils n'en ont la permission des Officiers qui ont droit de la donner, à peine de trente livres d'amende contre chacun des contrevenans, & de leur estre leur procés fait & parfait extraordinairement comme à des seditieux. Et lors que lesdits Gardes ou Jurez sortiront de charge, ils remettront entre les mains de ceux qui leur succederont tous les Registres & Papiers concernans les affaires de ladite Communauté.

XXXVI. Les Aulneurs ne pourront aulner aucunes Marchandises qu'elles ne soient marquées de la marque du lieu, & où le nom de l'ouvrier ne soit sur le chef & premier bout de la piece fait sur le mestier, & non à l'éguille, à peine pour la premiere fois de cinquante livres d'amende; & pour la seconde de pareille peine, & d'interdiction de sa fonction; ce faisant, il sera commis en leur lieu par les Officiers de Police des Manufactures.

XXXVII. Les Aulneurs ne pourront estre Courtiers, ny les Courtiers ne pourront estre Aulneurs, Commissionnaires ou Facteurs, ny achetter ou faire achetter aucunes laines & Marchandises desdites Draperies & Sergeteries pour leur compte, ny pour qui que ce soit pour les revendre directement ny indirectement à leur profit, à peine de confiscation desdites Marchandises, & de cent livres d'amende, & de privation de leurs fonctions.

XXXVIII. Afin de pouvoir facilement connoître & distinguer les Draps, Serges & autres Etoffes qui auront esté faites avant le present Reglement d'avec celles qui ne l'auront esté que depuis sa publication, & en conformité d'iceluy; un mois aprés la publication des presentes, les Officiers de Police des Manufactures assistez des Maistres & Gardes ou Jurez de la Draperie en charge feront sans frais une visite generale dans toutes les Maisons, Magazins, Boutiques & Ouvroirs des Marchands, Façonniers & Ouvriers, mesme en celles desdits Gardes & Jurez en charge, & y marqueront d'une marque qui sera faite exprés tous les Draps, Serges, & autres Etoffes qu'ils y trouveront: Ensuite de quoy la figure de ladite marque sera emprainte sur les Registres des Communautez des Drapiers & Sergers, puis mise en piece en presence de tous ceux qui auront fait lesdites visites, dont sera fait mention sur lesdits Registres: Et sera ladite marque differente de celles dont seront marquées les Etoffes faites en conformité du present Statut; & autour d'icelle sera gravé le nom de la Ville, Bourg ou Village où lesdites étoffes auront esté faites, sans y pouvoir mettre le nom ny la marque d'un autre lieu, à peine de confiscation desdites Etoffes: Lesquelles Etoffes faites avant le present Reglement & non conformes à iceluy marquée, comme dit est, il sera permis aux Ouvriers & Façonniers qui en auront de les vendre & debiter pendant le temps de six mois aprés la publication des Presentes, sans toutefois qu'aprés ledit temps passé, il leur soit loisible d'en plus vendre de cette qualité; à peine de confiscation, d'être les lizieres déchirées publiquement, & de cent livres d'amende contre l'achetteur pour chacune contravention.

XXXIX. Tous les Draps, Serges & autres Etoffes seront veuës & visitées au retour du foulon par les Gardes & Jurez en charge, & par eux marquées de la marque du lieu où elles auront esté faites, si elles sont conformes au present Reglement; Et s'ils y trouvent de la defectuosité ils les feront saisir, & en feront leur rapport aux Juges de Police des Manufactures, pour en ordonner la confiscation, ainsi qu'ils aviseront bon estre: Et si elles n'avoient la largeur ordonnée par ces Presentes, les lizieres en seront déchirées publiquement. Et pour faciliter lesdites visites & marques desdites Marchandises, il y aura en toutes les Villes, Bourgs & Villages du Royaume où lesdites Manufactures sont établies une chambre de la grandeur necessaire dans les Hostels desdites Villes, ou au Bureau des Communautez dudit Corps s'il se peut, ou autre lieu le plus commode, en laquelle chambre les Façonniers & Ouvriers seront tenus d'apporter leurs Marchandises pour y estre visitées & marquées, comme dit est, aux jours & heures qui seront reglez & arrestez par les Juges de Police des Manufactures; & à cette fin lesdits Gardes & Jurez seront tenus de s'y porrendre: Et si lesdites Marchandises estoient portées en autres Villes pour y estre debitées, mesme celles des pays Estranger sans exception, elles seront directement déchargées dans les Halles ou autres lieux destinez aux visites des Marchandises & non ailleurs (excepté celles qui seront apportées aux foires, pour y estre aussi veuës & visitées par les Maistres & Gardes de la Draperie desdites Villes, & par eux marquées si elles sont de la qualité requise, & où elles ne le seroient, ou qu'à celles Manufacturées en France la marque du lieu où elles auront esté faites ny eût esté apposée, ou que le nom de l'ouvier fait sur le métier & non à l'éguille n'eust esté mis sur le chef, & premier bout des pieces desdites Marchandises, elles seront saisies, & sur le rapport & à la diligence desdits

Maistres & Gardes & Jurez la confiscation en sera poursuivie pardevant les Juges de Police des Manufactures. Et ne pourront aucuns Marchands & Ouvriers exposer en vente, vendre ny achetter lesdites Marchandises, qu'au prealable elles n'ayent esté marquées, comme dit est, ny les Gardes & Jurez des lieux où lesdites Marchandises auront esté faites, ne les pourront marquer d'autre marque que de celle desdits lieux, le tout à peine de confiscation desdites Marchandises, & de plus grande peine s'il y échet.

XL. Lesdits Draps, Serges, & autres Etoffes de laine & de fil qui seront apportées aux Foires y seront veuës, visitées & marquées par les Maistres Gardes & Jurez de la Draperie du lieu où se tiendront lesdites Foires, & en sera usé, comme il est dit en l'article cy dessus sur les peines y contenuës.

XLI. Les laines destinées pour estre employées ausdites Manufactures seront veuës & visitées par les Gardes & Jurez en charge, & jusqu'à ce ne pourront estre exposées en vente; ne pourront encore ceux ausquels elles appartiendront les moüiller ny mettre en lieu humide; ny aussi méler ensemble les laines de differentes qualitez, attendu que les unes foulant moins que les autres, tel mélange rend le Drap creux & imparfait en sa fabrique; mais seront lesdites laines d'une mesme qualité emballées separément, le tout à peine de cent livres d'amende pour chacune contravention.

XLII. Les Gardes & Jurez de la Draperie & Sergerie en charge tiendront les Halles, & autres lieux destinez aux visites des Marchandises, bien clos & fermez pour la seureté desdites Marchandises qui y seront déchargées, à peine de répondre en leurs privez noms des pertes qui en pourroient arriver, & sera tenu bon & fidel Registre par lesdits Gardes & Jurez, ou leur préposé de toutes les Marchandises qui y auront esté déchargées, des noms des Marchands ausquels elles appartiendront, du jour desdites décharges, & de celui qu'elles leur auront esté renduës en payant un sol pour piece seulement pour subvenir ausd. frais, sans que ledit droit puisse estre augmenté pour quelque cause que ce soit.

XLIII. Les Marchands & Ouvriers seront tenus souffrir les visites des Gardes & Jurez, & s'ils en sont refusans, pourront lesdits Jurez se faire assister d'un Officier de Justice pour leur donner aide & main forte contre les contrevenans.

XLIV. Et parce qu'il arrive souvent des contestations entre les Marchands, les Façonniers & les Aulneurs, à cause que l'aulnage des Draps & Serges larges se fait avec poulce & évant au bout de l'aulne, & qu'il se donne encore 21. aulnes & un quart pour vingt quelquefois plus, quelquefois moins; ce qui se pratique differemment en plusieurs lieux, quoy que la maniere des aulnages doive estre uniforme dans tout le Royaume; seront à l'avenir toutes sortes de Marchandises aulnées bois à bois justement & sans évant, & ne pourront les Aulneurs en user autrement, à peine de cent livres d'amende pour chacune contravention. Et pour les Draperies dont l'usage est de donner par le Façonnier au Marchand achetteur un excedant d'aulnage pour la bonne mesure, ledit excedant ne pourra estre pour ce regard seulement que d'une aulne & un quart, au plus sur vingt-une aulne & un quart, vulgairement appellé vingt-un & un quart pour vingt, & des demies pieces à proportion, sans que les Marchands en puissent prendre ny recevoir davantage, ny étendre ledit excedant d'aulnage sur les autres Marchandises, pour lesquelles n'en a jusqu'à present esté donné, le tout à peine aussi de cent livres d'amende pour chacune contravention.

XLV. Seront les Marchands Drapiers des Villes & Bourgs du Royaume qui auront achetté des Marchandises des Drapiers Drapans & Sergers, soit aux Halles ou aux Foires & autres lieux, de faire & arrêter leurs comptes dans deux ou trois jours au plus tard, aprés la vente & délivrance desdites Marchandises, à ce que le retard qu'ils en feroient ne puissent préjudicier ausdits Drapans & Sergers ; à peine en cas de retard, de quarante sols pour chacun jour de sejour desdits Drapans & Sergers, depuis la protestation qu'ils en auront faite jusqu'au jour de l'arresté du compte.

XLVI. Et à l'égard des Maistres, Compagnons & Apprentifs du Mestier de Drapier & Serger, il en sera usé dans les Villes & Bourgs du Royaume, suivant & conformément aux Statuts particuliers homologuez au Conseil Royal de Commerce qui leur ont esté donnez : & quant aux autres Villes & Bourgs, où il n'a esté donné aucuns Statuts particuliers, l'ordre prescrit par les Articles suivans pour les Maistres, Compagnons & Apprentifs Drapiers & Sergers y sera en tous lesdits lieux ponctuellement observé.

XLVII. Aucun ne pourra estre reçu à la Maistrise qu'il n'ait fait apprentissage chez un Maistre dudit Mestier, & demeuré actuellement au service de son Maistre ; Sçavoir, pour les Drapiers l'espace de deux années entieres & consecutives, & pour les Sergers trois années aussi entieres & consecutives, dont sera passé Brevet pardevant Notaire, qui sera enregistré sur le livre de la Communauté : & ne pourra aucun Maistre prendre plus de deux Apprentifs, ny lesdits Apprentifs s'absenter de la maison de leur Maistre pendant le temps de leur apprentissage sans cause legitime & jugée telle par le Juge de Police : Et en cas de contravention, permis à leurs Maistres de les faire arrester en vertu des Presentes, pour leur faire parachever leur temps, sinon les sommer de ce faire : Et aprés avoir attendu un mois, pourront les faire rayer sur le Registre de la Communauté, & en prendre d'autres en leur place, sans qu'aprés cela lesdits Apprentifs qui auront quitté puissent se prévaloir du temps qui se sera écoulé pendant leur absence & premier apprentissage, & sauf ausdits Apprentifs à s'obliger de nouveau à un autre Maistre pour le mesme temps que dessus. Ne pourra le Maistre congedier son Apprentif sans cause legitime jugée telle par ledit Juge de Police, ny en prendre un autre s'estant absenté, que le mois cy dessus ne soit expiré, à peine de trente livres d'amende. Et arrivant qu'aucun Maistre vint à s'absenter de la Ville où il faisoit sa demeure, & cesser son travail, il sera pourvû d'un autre Maistre audit Apprentif un mois aprés. Ne pourront les Maistres dudit Mestier débaucher ny attirer chez eux l'Apprentif ou Compagnon d'un autre Maistre, ny luy donner de l'employ directement ny indirectement, à peine de soixante livres d'amende.

XLVIII. L'apprentissage estant fait, l'aspirant à la Maistrise fera son chef-d'œuvre, & estant jugé capable, il sera reçu à ladite Maistrise, & ses Lettres de reception luy seront délivrées en payant six livres pour tous droits, sans faire aucun festin ; & les Jurez dudit Mestier, & tous autres n'en pourront recevoir ny aucun don ny presens, devant, pendant, ny aprés ledit chef-d'œuvre, ny ledit aspirant leur en donner, à peine de suspension de ladite Maistrise pour un an, & de cent livres d'amende contre chacun des contrevenans, dont sera délivré executoire par le Juge de Police, aprés la preuve sommaire qu'il sera tenu d'en faire sur la plainte ou denonciation qui luy en aura esté faite : & s'il arrivoit contestation pour la reception dudit chef-d'œuvre, il sera vû & visité par le Juge de

Police, ou autre par luy nommé ou commis pour cet eff·t.

XLIX. Les fils de Maistres seront reçus à ladite Maistrise pardevant le Juge de Police en la maniere acoûtumée, faisant une experience en presence des Jurez, & ayant l'âge de seize ans accomplis, & non moins.

L. Les veuves des Maistres dudit Mestier pourront tenir Ouvroirs & faire travailler chez elles, tout ainsi & de mesme que pouvoient faire leurs deffunts maris, sans qu'elles puissent associer personne avec elles, sinon les Maistres dudit Corps, ny faire aucuns Apprentifs, mais seulement pourront faire parachever en leurs maisons les apprentissages commencez & passez avec leurs maris; & en cas que lesdites veuves quittassent ledit Mestier, elles seront ten ës de remettre les Brevets des Apprentifs entre les mains du Juré en charge, pour leur estre pourvû d'un autre Maïstre, & achever de le servir le temps porté par lesdirs Brevets; Et si lesdites veuves & fill s de Maistres épousent un Compagnon, il sera affranchi du temps qu'il seroit obligé servir les Maistres suivant les presens Staturs & Reglemens, en faisant neanmoins le chef-d'œuvre lors de sa reception à la Maistrise, & ne payera autres droits que ceux que payent les fils de Maistres.

LI. Sera le nom des Maistres, Ouvriers & Façonniers mis sur le chef & premier bout de chacune piece desdites Marchandises, fait sur le mestier & non à l'éguille, à peine de douze livres d'amende pour chacune piece où ledit nom n'aura esté mis.

LII. Les Maistres Drapiers, Sergers, Ouvriers, Foulons & autres, ne pourront tirer, alonger ny aramer aucune piece de Marchandise, tant en blanc qu'en teinture, de telle sorte qu'elles se puissent racourcir de la longueur, & étressir de la largeur; à peine de cent livres d'amende, & de confiſcation de la Marchandiſe pour la premiere fois; Et en cas de recidive, d'eſtre déchû de leur Maiſtriſe.

LIII. Ne pourra eſtre employé aucunes graiſſes appellées flambart pour l'enſimage des Draps & Serges, mais ſeulement du ſain-doux de porc du plus blanc; & ne pourront les Tondeurs ſe ſervir de cardes pour coucher leſdits Draps & Serges, ny en tenir en leurs maiſons; mais ſe ſerviront de chardons, à peine de douze livres d'amende pour chacune contravention.

LIV. Les Maiſtres deſdits Corps des Meſtiers de Drapier & Serger qui travailleront à façon auſdites Manufactures pour les autres Maiſtres à cauſe de leur indigence, ne pourront vendre, engager, ny retenir les Marchandiſes, matieres & outils ſervant à les faire, qui leur auront eſté confiées & miſes entre les mains pour travailler, à peine de punition exemplaire; ſubiront leſdits Maiſtres travaillans à façon les meſmes loix que les Compagnons deſdits Meſtiers.

LV. Ne pourra eſtre procedé par ſaiſie, execution ny vente forcée en Juſtice des moulins, meſtiers, outils & uſtanciles ſervans à quelque manufacture que ce ſoit, pour quelque dette, cauſe & occaſion que ce puiſſe eſtre (ſi ce n'eſt pour les loyers des maiſons que leſdits Ouvriers & Façonniers occuperont) ny meſme pour les deniers des Tailles & impoſt du Sel; & aucuns Huiſſiers & Sergens ne pourront faire leſdites ſaiſies ny ventes, à peine d'interdiction de leurs charges, cent cinquante livres d'amende, & de tous dépens, dommages & intereſts des parties ſaiſies.

LVI. Et ſera le preſent Reglement tranſcrit dans le livre de la Communauté, pour y avoir recours quand beſoin ſera, dont ſera délivré gratuitement une copie une ſeule fois à chacun Maiſtre de la Communauté

munauté un mois aprés la publication d'iceux, dont lesdits Maistres signeront la reception sur ledit Registre.

LVII. Lesdits Jurez en charge s'assembleront en la chambre de leurdite Communauté le premier Lundy de tous les mois à deux heures de relevée, & plus souvent s'il est besoin, pour conferer des affaires de ladite Communauté, oüir les dénonciations & plaintes qui leur seront faites par les Maistres & Apprentifs touchant le fait de leur mestier, pour estre reglez à l'amiable. Et au cas qu'il arrive quelques affaires importantes concernant ledit Corps & Communauté qui pût donner occasion de procés, les Gardes ou Jurez en charge feront assembler en leur chambre le plus grand nombre des Maistres dudit Corps qui leur sera possible, du moins celuy de cinq, & ceux qui auront esté en charge les deux années precedentes, ausquels ils proposeront les affaires dont il s'agira pour les résoudre à la pluralité des voix; & ce qui sera ainsi resolu sera transcrit sur ledit Registre de la Communauté, & executé par tous les Maistres dudit Corps, comme si tous y avoient assisté.

LVIII. Toutes les Amendes qui seront adjugées en consequence des Presentes & pour les contraventions à icelles, seront applicables; Sçavoir, moitié à Sa Majesté, un quart aux Gardes & Jurez en charge, & l'autre quart aux pauvres du lieu où les Jugemens portant condamnation desdites amendes seront rendus.

LIX. & dernier. Et pour connoistre si les Gardes & Jurez se seront bien acquittez du devoir de leurs Commissions, & exactement executé ces presens Reglemens, & aussi pour rechercher d'autant plus les moyens de perfectionner lesdites Manufactures, & en augmenter le commerce dans toutes les Villes &

B

Bourgs du Royaume, où il y a & aura cy-aprés Corps & Communauté des Maistres Drapiers & Sergers, les Officiers de Police des Manufactures feront assembler pardevant eux au mois de Jauvier de chacune année les Gardes & Jurez en charge des Mestiers desdites Manufactures de laine & de fil, avec ceux qui seront sortis de charge l'année precedente, & quatre autres personnes de chacune desdites Communautez tels qu'ils les voudront choisir : Ensemble deux Notables Bourgeois, afin que les Gardes & Jurez en charge informent l'Assemblée de l'estat auquel seront lesdites Manufactures, de leur progés, des moyens qu'ils jugeront necessaires pour leur perfection, & de l'observation ou contravention qu'ils auront remarquées avoir esté faites au present Reglement, & les remedes qu'il conviendra d'y apporter, pour estre sur le tout par ladite Assemblée donné son avis de ce qu'elle jugera le plus utile & raisonnable pour le bien public & le commerce des Marchandises, dont sera dressé procés verbal par lesdits Officiers de Police des Manufactures, qui seront tenus d'en envoyer une expedition un mois aprés au sur-Intendant des Arts & Manufactures de France, le tout gratuitement & sans frais.

EXTRAIT DES REGISTRES du Conseil d'Etat.

LE Roy ayant reçu plusieurs plaintes des Maistres & Gardes des Marchands Drapiers de sa bonne ville de Paris, des abus qui se commettent aux longueurs, largeurs & qualitez de toutes sortes d'Etoffes de laine & de fil qui sont manufacturées dans son Royaume; & que les moyens d'y remedier sont contenus dans un Projet de Statut & Réglement general desdites Manufactures qu'ils ont dressé pour ce sujet, s'il plaisoit à Sa Majesté l'approuver, & sur iceluy faire expedier ses Lettres Patentes, pour estre registré dans ses Cours de Parlement, & observé & executé dans toute l'étenduë de son Royaume; A quoy Sa Majesté desirant pourvoir avec une parfaite connoissance de l'avantage que le public en peut recevoir: SA MAJESTE' EN SON CONSEIL ROYAL de Commerce, a renvoyé & renvoye ledit Projet de Statut & Reglement General aux Lieutenant du Prevost de Paris pour la Police, & Procureur de Sa Majesté au Chastelet pour y donner leurs avis, & iceux vûs & rapportez, estre pourvû ainsi qu'il appartiendra par raison. FAIT au Conseil d'Etat du Roy, tenu à saint Germain en Laye, le vingt-deuxiéme Juillet mil six cens soixante-neuf.

Avis des Officiers de Police.

VEu par Nous Gabriël-Nicolas de la Reynie, Conseiller du Roy en ses Conseils d'Etat & Privé, Maistre des Requestes ordinaire de son Hostel, & Lieutenant de Police de la Ville, Prevosté & Vicomté de Paris: Et Armand Jean de Riants aussi Conseiller du Roy en ses Conseils, & son Procureur au Chastelet de Paris, les Articles cy-dessus transcrits au nombre de cinquante-neuf, presentez à Sa Majesté par les Maistres & Gardes de la Marchandise de Draperie de Paris, à ce qu'il luy plût les approuver & faire expedier sur iceux ses Lettres Patentes en forme de Statuts, Ordonnances & Reglemens pour les longueurs, largeurs & qualitez des Draps, Serges, & autres Etoffes de laine & fil qui sont manufacturées dans le Royaume : L'Arrest du Conseil du vingt-deuxiéme Juillet dernier, par lequel le Roy en son Conseil Royal de Commerce nous a renvoyez lesdits Articles, pour sur iceux donner nostre avis; la Requête à nous presentée par ledit Procureur du Roy, par laquelle il nous auroit requis avant que donner nôtre avis, que lesdits Maistres & Gardes des Marchands Drapiers de Paris fussent oüis pardevant Nous en sa presence sur lesdits Articles, à quoy ayant esté satisfait.

Nostre avis est sous le bon plaisir de Sa Majesté, que lesdits Articles sont utiles au Public, & tres-necessaires pour le rétablissement & perfection des Manufactures des Etoffes de laine & fil qui sont fabriquées en France, tant pour l'usage & consommation qui s'en fait dans le Royaume, que pour en augmenter le debit dans les Païs estrangers. FAIT à Paris le huitiéme Aoust mil six cens soixante-neuf. Signé, DE LA REYNIE, & DE RIANTS.

LETTRES PATENTES D'APPROBATION desdits Statuts & Reglemens.

LOUIS par la grace de Dieu Roy de France & de Navarre : A tous presens & à venir; SALUT. Desirant remedier autant qu'il nous est possible aux abus qui se commettent depuis plusieurs années aux longueurs, largeurs, force & bonté des Draps, Serges, & autres Etoffes de laine & de fil, & rendre uniformes toutes celles de mesme sorte, nom & qualité, en quelque lieu qu'elles puissent estre fabriquées, tant pour en augmenter le debit dedans & dehors nostre Royaume, que pour empêcher que le Public ne soit trompé : Nous aurions Ordonné aux Maistres

& Gardes de la Marchandiſe de Draperie de noſtre bonne ville de Paris d'en rechercher les moyens & nous les propoſer ; A quoy ayant ſatisfait par les Articles en forme de Statuts & Reglemens qu'ils ont dreſſez, ils Nous les auroient preſentez & humblement ſupplié de les vouloir approuver, & ſur iceux faire expedier nos Lettres à ce neceſſaires. A CES CAUSES, de l'avis de noſtre Conſeil Royal de Commerce, qui a vû & examiné leſdits Articles au nombre de cinquante-neuf: l'Arreſt de noſtredit Conſeil du vingt-deuxiéme Juillet dernier, portant renvoy d'iceux au Lieutenant de Police, & à noſtre Procureur au Chaſtelet de Paris pour y donner leur avis: ledit avis eſtant au bas deſdits Articles du huitiéme du preſent mois d'Aouſt 1669. le tout cy-attaché ſous le contre-ſcel de noſtre Chancellerie : Nous avons par ces Preſentes ſignées de noſtre main, de noſtre grace ſpeiciale, pleine puiſſance & autorité Royale, approuvé & confirmé, approuvons & confirmons leſdits Articles, Statuts, Ordonnances & Reglemens pour les longueur, largeur, qualité & uniformité des Draps, Serges, & autres Etoffes de laine & fil. Voulons que dans toute l'étenduë de noſtre Royaume, Terres & Seigneuries de noſtre obëïſſance, ils ſoient gardez, obſervez & executez de point en point, ſelon leur forme & teneur. SI DONNONS EN MANDEMENT, à nos amez & feaux Conſeillers, les Gens tenans noſtre Cour de Parlement de Paris, que ces Preſentes, & leſdits Articles de Statuts & Reglemens ils faſſent lire, publier, regiſtrer, garder & obſerver, ſans y contrevenir, ny ſouffrir qu'il y ſoit contrevenu, nonobſtant toutes choſes à ce contraires, auſquelles nous avons dérogé & dérogeons. Et parce que l'on pourroit avoir affaire en pluſieurs lieux de ces Preſentes, & deſdits

Statuts & Reglemens, Voulons qu'aux copies collationnées d'iceux par l'un de nos amez & feaux Conseillers & Secretaires, foy soit ajoûtée comme aux originaux : CAR tel est nostre plaisir. Et afin que ce soit chose ferme & stable à toûjours, Nous avons fait mettre nostre Scel à cesdites Presentes. DONNE' à saint Germain en Laye le jour d'Aoust, l'an de grace mil six cens soixante-neuf, & de nostre Regne le vingt-septiéme. Signé, LOUIS. Et plus pas, Par le Roy, COLBERT. Et scellé du grand Sceau de cire verte sur lacs de soye rouge & verte. Et sur le reply est encore écrit : *Visa*, SEGUIER.

Lû, publié, registré, ouy, & ce requerant le Procureur General du Roy, pour estre executé selon sa forme & teneur. A Paris en Parlement, le Roy y seant en son Lit de Justice, le treiziéme Aoust mil six cens soixante-neuf.

Signé, DU TILLET.

STATUTS, ORDONNANCES & Reglemens, que Sa Majesté veut estre observez par les Marchands Maistres Teinturiers en grand & bon Teint des Draps, Serges, & autres Etoffes de laine, de toutes les Villes & Bourgs de son Royaume.

PREMIEREMENT.

LES Corps & Communautez des Marchands Maistres Teinturiers du grand & bon Teint de toutes les Villes & Bourgs du Royaume, seront composez indifferemment de tous les Maistres qui ont esté reçus audit Art, ou qui l'exerçoient en vertu des Lettres patentes & Privileges que Sa Majesté & ses predecesseurs Rois leur auroient concedez; & en consequence de ce, ils continuëront l'exercice dudit Art paisiblemént, & sans aucun trouble, à la charge de faire inscrire leurs noms & qualité de Maistre, tant sur le Registre des Juges des lieux de leur demeure, qui ont droit de connoistre de la Police des Arts & Manufactures, que sur celuy de leur Communauté, un mois aprés la publication des presens Reglemens & Statuts; aprés lequel temps ils ne pourront exercer ladite Maistrise sans la permission desdits Juges de Police, ou sans faire les apprentissages, & chef-d'œuvre en la maniere qui sera dite cy-aprés: Et toutes autres personnes que les Maistres Teinturiers, sans exception, ne pourront s'immiscer de teindre aucunes Etoffes & Marchandises de laine, de quelque couleur, & pour quelque cause que ce soit, à peine contre les contrevenans de confiscation desdites Etoffes, & de trois cens livres d'amende. Et parce que dans la ville de Paris il n'y a presentement que trois Teinturiers appellez du grand & bon Teint des Manufactures de laine, lequel nombre n'est pas suffisant pour satisfaire au dessein qu'a Sa Majesté d'augmenter le travail de la grande & bonne Teinture, & de la porter dans sa plus haute perfection, il sera permis à trois autres Teinturiers, qui seront choisis & nommez par le Lieutenant du Prevost de Paris pour la Police, de teindre en grand & bon Teint les Manufactures de laine, en faisant par eux au préalable le chef d'œuvre de ladite grande & bonne teinture, & prestant le serment en la maniere accoûtumée, de bien & fidellement exercer ledit Art de la grande & bonne teinture, suivant les presens Reglemens & Statuts : Comme aussi que dans toutes les Villes Capitales des Provinces du Royaume, où il y aura moins de trois Teinturiers du bon Teint en Manufactures de laine, il sera choisi & admis par le Juge de Police des Teinturiers du petit Teint des plus capables, le nombre qu'il faudra pour parfaire celuy de trois Teinturiers du bon Teint, si tant en est besoin. A la charge de faire aussi par eux, comme dit est, le Chef-d'œuvre de la teinture du bon Teint, de renoncer à la teinture du petit Teint, & de prêter le serment de bien & fidellement exercer l'Art de la bonne teinture, suivant lesdits presens Reglemens. Tous lesquels Teinturiers qui seront admis, comme dit est, au grand & bon Teint, feront partie du Corps & Communauté des Teinturiers du grand & bon Teint, ainsi que les autres Maistres dudit Corps, ausquels & à tous autres seront faites défenses de les troubler, ny empêcher en l'exercice de ladite teinture du grand & bon Teint, à peine de quinze cens livres d'amende.

II. Et comme il y a plusieurs Corps de Teinturiers en differentes Villes du Royaume, qui sont à present gouvernez par les Maistres & Jurez; sçavoir, les Teinturiers en grand & bon Teint des Manufactures de laine, & les Maistres Teinturiers du petit Teint; ce qui cause beaucoup de procés, de desordres & d'abus sur le fait desdites Teintures au préjudice du public: Pour à quoy remedier en chacune desdites Villes, les Teinturiers en grand & bon Teint des Manufactures de laine feront une seule & même Communauté, & ceux du petit Teint une autre Communauté separée; & en consequence de ce, les Maîtres Teinturiers du grand & bon Teint ne pourront teindre en petit Teint, ny les Teintutiers du petit Teint ne pourront aussi teindre en grand & bon Teint, ny mesme en bleu, attendu que le Guesde de Pastel n'est attribué qu'aux Maistres Teinturiers du bon Teint; ny aussi ne pourront loger plusieurs ensemble en mesme maison, ou tenir mesme boutique, s'ils ne travaillent de mesme travail, & semblable teinture: Et encore les Teinturiers du petit Teint n'auront des cuves en leurs maisons ou Boutiques, mais seulement des chaudieres de cuivre, suivant leur ancien usage, à peine de cent cinquante livres d'amende, & d'interdiction de la Maistrise.

III. Pour maintenir d'autant plus lesdits Maistres Teinturiers du grand & bon Teint dans l'union & la bonne intelligence en laquelle ils doivent vivre; & pour tenir la main à l'execution des presens Statuts & Reglemens, sera nommé par chacun an, à la pluralité des voix, le mesme jour que les élections ont esté cy-devant faites, & pour les lieux, où n'en a encore esté fait, à tel jour qu'ils aviseront bon estre, un Maistre Juré Teinturier du bon Teint, lequel prestera le serment pardevant les Officiers de la Police du lieu de sa demeure, de bien & deuëment exercer ladite charge pendant une année, aprés l'expiration de laquelle en sera elû un autre en sa place de mesme qualité; & ainsi successivement les années suivantes le même ordre sera toûjours gardé. Enjoint audit Juré de bien & fidellement faire sadite charge, de rechercher en faisant ses visites les contraventions qui pourroient estre faites ausdits presens Reglemens & Statuts, & d'en faire son rapport pardevant lesdits Officiers de Police en la maniere accoûtumée, sous peine d'interdiction de la Maistrise.

IV. Et pour établir d'autant plus les Teintures en leur perfection, & faciliter les moyens de découvrir les abus qui s'y peuvent commettre, aux dépens de la Communauté desdits Teinturiers du grand & bon Teint, & à la diligence du Juré qui sera en charge, quinze jours aprés son élection, en la presence des Officiers de Police, & des Maistres & Gardes de la Marchandise de Draperie qui seront aussi en charge, il sera teint de bon Teint de toutes sortes de couleurs, douze morceaux de Draps de Valongne ou de Berry, ou autre d'égale qualité, de demie aulne chacun qui leur seront fournis par lesdits Maistres & Gardes de la Draperie, aux dépens de leur Communauté; sçavoir, en noir de Garence, Minime, rouge de Garence, couleur de Prince, Ecarlate rouge, Rose seiche, Incarnat, Coulombin, couleur de Rose, Vert-gay, Bleu turquin, & Violet: Et encore de teindre quatre morceaux de Ratine, qui leur seront aussi fournis par lesdits Maistres & Gardes de la Draperie; sçavoir, en Ecarlate rouge, noir de garence, rouge cramoisi, & couleur de pensée; lesquels morceaux ainsi teints, seront délivrez par lesdits Teinturiers un mois aprés qu'ils les auront reçûs, ausdits Maistres & Gardes de la Draperie, pour estre iceux marquez des deux marques desdits Drapiers & Teinturiers, puis couppez par moitié; l'une desquelles sera mise au Bureau de la Communauté desdits Marchands Drapiers, & l'autre au Bureau desdits Teinturiers, pour y servir de fonds d'échantillons de la bonne Teinture dans la verification des fausses ou veritables Teintures des mêmes couleurs.

V. Et pour mieux asseurer la perfection des Teintures du bon Teint, est enjoint à tous Maistres Teinturiers dudit bon Teint, de ne tenir en leurs Maisons, Magazins & Boutiques autres ingrediens pour la composition des Teintures, que des Pastels de Lauragais, Albigeois, Languedoc, & d'autres lieux, Vovaide, Couperose, Sumac, Galle à l'épine & d'Alep, Alun, Gravelle, Tartre, Garence, Gaude, Cochenille, Graine d'écarlate, Arsenic, Agaric, Talmerital, Boure de chevre, Cendre gravellée & Indigo. Défenses aux Teinturiers du petit Teint, d'avoir aucun desdits bons ingrediens en leurs maisons, boutiques & magazins; & à eux & aux Teinturiers du bon Teint d'avoir en leursdites maisons, ny d'employer en la composition de leurs taintures aucuns ingrediens faux, comme Bois d'Inde, Bresil, Bois de coimpéché, Bois jaune, Fustel, Tournesol, Raucour, Orseille & Saffrant bâtard, & d'en appliquer sur aucunes Marchandises par eux teintes, attendu que tels ingrediens ne servent qu'à faire de fausses teintures; & ce, à peine de confiscation desdits ingrediens, & des Marchandises qui s'en trouveront teintes & chargées, de trois cens livres d'amende pour la premiere fois, & pour la seconde d'interdiction de la Maistrise, & d'estre leurs boutiques fermées; & neanmoins sans tirer à consequence, pourront lesdits Teinturiers du petit Teint employer desdits Bois d'Inde, Bresil & Orseille, au bisage des

Etoffes & Marchandises gris mêlez seulement, & non autres couleurs.

VI. Et pour toûjours prévenir & empêcher les abus, qui se pourroient commettre aux Teintures, il est défendu à tous Teinturiers, sans exception, d'avoir aussi en leurs maisons & magasins, ny d'employer en leurs teintures de quelque laine ny étoffe que ce soit, de la moullée des Taillandiers & Emouleurs, limaille de fer ou de cuivre, vieil sommail qui a servy à passer les maroquins; attendu que cela dégrade & empire les Etoffes, les endurcit, & empêche qu'elles n'ayent l'œil & la perfection necessaire, à peine de confiscation desdites Drogues & Marchandises, ausquelles elles seront appliquées, cinq cens livres d'amende, & d'interdiction de la Maîtrise.

VII. Afin de pouvoir facilement connoistre & distinguer les Marchandises teintes avant le present Reglement, d'avec celles qui l'auroient esté depuis, & en conformité d'iceluy, un mois aprés la publication des presens Reglemens & Staturs, les Officiers de Police des Manufactures, ou autres par eux commis, assistez des Maistres & Gardes de la Draperie, & aussi assistez, si bon leur semble, du Juré Teinturier en charge, feront conjointement, gratuitement, & sans frais, une visite generale dans toutes les maisons, magasins, & boutiques des Marchands Drapiers, mesme en celles desdits Gardes en charge, & y marqueront d'une marque qui sera faite exprés tous les Draps & Serges teintes qu'ils y trouveront, & par lesdits Officiers de Police, ou celuy qui sera par eux commis, assistez des Maistres & Gardes de la Mercerie & du Juré Teinturier, il sera fait pareille visite & marque de tous les Draps & Serges teintes qui seront dans les magasins & boutiques des

Marchands Merciers & Marchands privilegiez ſuivant la Cour, ſans exception; & enſuite la figure de ladite marque ſera empreinte ſur les Regiſtres des Communautez deſdits Marchands Drapiers, Merciers & Teinturiers, puis rompuë & miſe en pieces, en la preſence de tous ceux qui auront fait leſdites viſites, dont ſera fait mention ſur leſdits Regiſtres.

VIII. Et afin qu'aucun des Maiſtres Teinturiers ne puiſſe ignorer à l'avenir les Marchandiſes qui doivent eſtre teintes en bon Teint, & les ingrediens qu'ils y doivent employer, & empêcher que le Public y ſoit trompé, toutes les Etoffes cy-aprés dénommées ſeront teintes en bon Teint, & non autrement.

SÇAVOIR.

Les Draps d'une aulne & demie de largeur, ou d'une aulne un tiers, façon d'Eſpagne & d'Hollande, Draps de Languedoc, Carcaſſonne, Sedan, Abbeville, Dieppe, Fécant, Elbœuf, Draps du Sceau de Roüen, & de Darnatal, Draps de Vallogne & de Cherbourg, Draps & Serges de la Province de Berry & Sollogne, Draps de Dreux, Serges de Segovie, de Limeſtre, de ſaint Lo, & de Beauvais, Ratines & Droguets de laine fine, appellez Droguets demy foullez, Ratines larges & étroites, qui ſe font en Normandie, & toutes autres Marchandiſes de Draperie des meilleures qualitez & fabriques.

IX. Les noirs des Etoffes de haut prix ſeront de fort gueſde d'un Bleu brun, nommé Bleu pairs, pour la bonne qualité duquel il ne ſera mêlé que ſix livres d'Indigo tout apreſté, avec chacune balle de Paſtel, lors que la cuve ſera adoux, c'eſt à dire, quand le Pastel commence à jetter une fleur bleuë, & sans qu'aprés l'assiette de ladite cuve, elle puisse estre réchauffée plus de deux fois; puis sera ensuite boüilly avec Alun, Tartre ou Gravelle, & aprés Garencé avec Garence commune, ou crouste de belle Garence, & parachevé en noir avec noix de Galles d'Alep, Couperoze & Sumac, puis adoucis en les repassant sur la Gaude, pour leur donner la perfection du noir; & afin que toutes lesdites couleurs soient belles & soutenables en perfection, & empêcher que lesdits Draps ne teignent & ne noircissent dans leur usage ceux qui les porteront, il est enjoint à tous les Marchands de faire dégorger leurs Draps en blanc au moulin à foulon, avant que de les donner aux Teinturiers; défenses ausdits Teinturiers de les guesder qu'ils ne soient dégorgez, & aprés estre guesdez, lesdits Teinturiers les fouleront aux pieds dans de l'eau, puis les garenceront; & aprés qu'ils seront faits noirs, les laveront bien jusques à ce qu'ils ne poudrent plus, à peine de deux cens livres d'amende contre les contrevenans.

X. Et pour faciliter les moyens de faire le dégorgement desdits Draps, les Juges de Police, chacun en l'étenduë de leur Jurisdiction, où les Manufactures sont établies; dresseront leurs procés verbaux des moulins à foulon propres au dégorgement des Draps qui y sont, & du nombre qu'ils y jugeront necessaire; comme aussi du lieu où l'on pourra commodément les faire bastir, & par estimation raisonnable les frais qu'il conviendra faire pour leur constuction; lesquels procés verbaux ils envoyeront au sur-Intendant & Ordonnateur general des Bastimens de Sa Majesté, Arts & Manufactures de France, un mois aprés la publication des presens Staturs.

IX. A l'égard des Etoffes de prix mediocre, comme les petites Ratines & Revêches, Serges & Molletons d'Angleterre, Serges de Londres, d'Aumalle, Amiens, Chartres, Moüy, Merlou, Ras de Châlons, Etamines & Serges de Reims, toutes Serges de deux estains, Camelots, Baracan, & autres de pareille qualité, ensemble les couvertures, elles seront seulement guesdées, & passées en bleu, & ensuite parachevées en noir avec Galle & Couperose; attendu que ces sortes de marchandises ne peuvent porter les frais d'estre garencées, & que sans ladite Garence elles seront de bon Teint en la maniere susdite; & seront aussi lesdites Etoffes teintes de toutes autres couleurs en bon Teint.

XII. Défenses à tous Teinturiers, sans exception, de teindre aucunes Etoffes de blanc en noir, pour quelque cause que ce soit, à peine d'interdiction de la Maistrise, de confiscation desdites Etoffes, & de cinq cens livres d'amende pour chacune contravention.

XIII. L'Ecarlate rouge sera teinte de graine d'Ecarlate, & de vermillon ou Pastel d'Ecarlate, & y pourront mêler Agaric & Arsenic.

XIV. L'Ecarlate incarnate cramoisie sera teinte avec Cochenille, Maestrex & Eau-forte, jusques à la quantité de deux onces pour chaque piece de Drap, Sel Armoniac, Sublimé & Esprit de Vin, pour donner le bel œil & le lustre.

XV. Les Ecarlates violetes, pourpres, amarante, rose seiche, pensée, gris-delin, passe-velours, gris-brun, sur-brun, gris lavendez, gris argentez, gris vineux, gris blanc, gris de ramier, d'ardoises & autres, le tout cramoisi, seront teints de guesde ou Pastel, avec Cochenille d'Inde pure, sans mélange de bois d'Inde, Bresil, Orseil, ny autres ingrediens que Sa Majesté défend d'y employer, comme estant de fausses Teintures.

XVI. Les gris bruns, minimes & tannez seront de Guesde plus clair qu'au noir, boüilly un peu plus fort avec alun & gravelle, & garencez davantage qu'au noir, afin que la couleur en soit plus belle, & y ajoûtant pour les minimes de la garence non robée; & en cas que la garence commune soit trop obscure, il sera aussi moins bruni que le noir, & seulement pour donner un bel œil; pour les tannez, leur sera donné une passe de Cochenille : Défenses de teindre des minimes avec de la racine de noyer brunie sur le noir, attendu que c'est fausse Teinture : Et pour empêcher les abus qui s'y pourroient commettre, lesdites couleurs de gris-bruns, minimes, tannez & de pensée, seront marquées en bleu ou guesde, ainsi que les noirs par les Marchands Drapiers en la maniere cy-aprés.

XVII. Les gris de perle, de castor, & autres couleurs que celles cy-dessus, seront faits avec Galle & Couperose, & quelques-unes seront commencées avec tres-peu de racine de noyer, & achevées avec ladite Galle & Couperose; & pour les rendre meilleurs au service, ils seront repassez sur des restes de bains de Cochenille les plus foibles, puis passez habilement.

XVIII. Les couleurs de Roy & de Prince seront guesdées & garencées comme les noirs.

XIX. Les verts herbus, verts gays, verts naissans, verts jaunes, verts de mer, & vert brun, seront guesdez, & parachevez de Gaude de Picardie, Normandie ou Champagne : Défenses de donner la Gaude auparavant le guesde, attendu que le pied & le fonds & le bleu rend l'Etoffe de meilleur usé que celuy en jaune.

XX. Les celadons & vert de mer seront guesdez auparavant que d'y donner la Gaude, sans qu'il soit besoin

besoin de les passer sur le noir : Défenses expresses d'employer à aucune desdites couleurs du Bois d'Inde au boüillon, ou aprés qu'ils sont gaudez, ny les brunir sur le bois d'Inde avec verdet, ou sur le bain restant des noirs, à peine de confiscation des Etoffes, & de trois cens livres d'amende pour chacune contravention.

XXI. Les rouges ordinaires, appellez rouge de Garence, seront teints avec Garence pure, sans aucun mélange de bois de Bresil, ny autres ingrediens.

XXII. Les Ecarlates anciennes, dites Ecarlates de France & des Gobelins, seront faites de pure graine d'Ecarlate, qui vient de Languedoc & de Provence, sans mélange d'autres ingrediens.

XXIII. Les rouges cramoisis, incarnats de roses, de chair, fiamet, fleur de pécher & de pommier, & de toutes autres couleurs cramoisies, seront teints suivant leurs nuances de pure Cochenile, Maestrek, sans aucun mélange de Garence, bourre, ny autres ingrediens, comme autrefois, attendu que cela en diminuë la bonté ; & à l'égard du rouge cramoisi sera preparé avec alun de roche qui vient de Rome, & parachevé avec la Cochenille ; & pour les couleurs de fleur de pommier & de pécher, afin de leur bailler l'œil requis pour sa perfection (qui doit estre un peu violent) il leur sera donné un tres-leger rabat, avec peu de Galle & de Couperose, ou quelque autre legere façon.

XXIV. Les orangers, isabelle, aurore, gingeolins, jaune doré, couleurs de thuille & de chamois, peleure d'oignon, seront teints suivant leurs nuances de Gaude, & garencez.

XXV. Les bleus bruns seront faits les premiers, & dans la force du Pastel, & les plus clairs seront faits en diminuant, à mesure que le Pastel s'affoiblira par le travail.

XXVI. Les jaunes pâles, citrons & souffres seront teints avec Gaude.

XXVII. Les couleurs d'olives depuis les plus bruns jusques aux plus clairs, estant passez en couleur de vert, seront rabatus avec suye de cheminée; & selon l'œil qu'il leur faut, ou plus clair, ou plus brun, le Teinturier leur donnera le rabat.

XXVIII. Les feüilles mortes, couleurs de cheveux, couleurs de musc, de noisette, de canelle & de Roy seront teints avec gaude & garence.

XXIX. Les Nacarats appellez de bourre, seront teints de gaude & de bourre de poil de chévre fonduë avec cendre gravellée: Défenses d'y employer du fustel, estant un faux ingredient: Et pour remedier aux abus qui se commettent ausdites Teintures de Nacarat, il est enjoint aux Teinturiers de laisser une roze jaune à chaque bout des pieces d'Etoffes, & de ne les teindre en Nacarat, qu'aprés qu'elles auront esté marquées en jaune par les Marchands Drapiers commis aux visites des Teintures.

XXX. Ne pourront les Teinturiers du petit Teint teindre autres Marchandises que Frisons, Tiretaines, petites Sergettes à doubler, façon de Chartres & d'Amiens, & autres telles petites Marchandises, jusques à quarante sols l'aune en blanc pour le plus haut prix; comme aussi pourront teindre en gris, musc, & autres couleurs semblables, & non d'autres couleurs, toutes étoffes servant de doublure, & non à autre usage.

XXXI. Défenses aux Maistres Tondeurs & autres qui travaillent aux aprests de Draps, d'employer aucunes graisses que du sain-dou, attendu que cela empêche de bien recevoir la teinture, à peine de cent cinquante livres d'amende.

XXXII. Les laines destinées pour estre employées aux Tapisseries seront teintes du bon Teint, de la mesme sorte cy-devant prescrite pour les étoffes de Draperie, à la reserve des laines teintes en noir, qui seront seulement de guesde & noircies.

XXXIII. Les laines pour noir destinées aux Manufactures de Draps & Serges pour mêler avec d'autres, seront racinées de racines de noyer, ou écorce de noyer, avec coque de noix en suffisante quantité, comme les couleurs de musc, & puis passez en noir; & les laines de ladite couleur de musc, de gris de souris & tristamine, pourront estre teintes par les Drapiers drapans, ou par les Teinturiers du petit Teint, sans neanmoins qu'ils y puissent contraindre lesdits Drapiers drapans, ausquels il est laissé la liberté de les teindre eux-mêmes en leurs maisons, ou les y faire teindre en la maniere cy-dessus, & non autrement : Défenses expresses d'employer ausdites teintures de l'écorce d'aune, moullée, limaille de fer ou de cuivre, ny du bois d'inde, à peine de confiscation, & de cent cinquante livres d'amende, & d'interdiction de la Maistrise.

XXXIV. Et pour donner un évident témoignage que toutes les Etoffes seront teintes en bon teint & de bons ingrediens en la maniere cy-devant exprimée; Tous Teinturiers laisseront au bout de chaque piece desdites Etoffes une roze de la grandeur d'un écu d'argent de couleur bleu ou jaune, & de toutes les autres couleurs qui auront servi de pieds & de fonds à la teinture desdits Etoffes : Et si lesdites pieces d'Etoffes ne se trouvoient entierément teintes en fonds en conformité desdites rozes, elles seront confisquées, & le Teinturier condamné en cinq cens livres d'amende, & interdit de la Maistrise pour toûjours, comme un trompeur public.

XXXV. Pour remedier encore avec plus de soin aux abus qui se pourroient commettre ausdites teintures, & en avoir des preuves évidentes & certaines, tous les Marchands Drapiers & autres qui donneront des Etoffes pour teindre en écarlatte, violette, pensée, vert-brun, & vert gay, feront liter les pieces desdites Etoffes, avant que de les bailler aux Teinturiers : Défenses aux Teinturiers de les recevoir ny teindre, si elles ne sont litées, à peine de cent livres d'amende.

XXXVI. Toutes les Marchandises seront teintes suivant & conformément aux précedens Articles sans excuse ny exceptions quelconques aux peines cy-devant dites, & de confiscation d'icelles, & de deux cens livres d'amende, à l'égard de celles où les peines ne sont exprimées.

XXXVII. Pour établir la preuve des bonnes ou mauvaises teintures des Etoffes, & connoistre clairement si elles auront esté faites en conformité du present Reglement, & des échantillons qui auront esté mis au Bureau des Maistres & Gardes de la Draperie & des Teintures, ou s'il y aura esté contrevenu, celles qui seront saisies & accusées de fausses teintures par les Maistres & Gardes de la Draperie, ou Jurez de la Teinture, le déboüilly s'en fera par lesdits Gardes de la Draperie ou Jurez des Teinturiers, en la presence de celuy sur lequel la saisie en aura esté faite, ou luy deuëment appellé pardevant le Juge de la Police, ou autre par luy commis, comme il sera dit cy-aprés.

Premierement, pour reconnoistre si les Draps noirs auront esté bien guesdez, & mis en bleuf suivant le present Reglement, il sera couppé un échantillon de la piece dont la teinture sera en débat, & un morceau de l'échantillon qui aura esté mis au Bureau des Marchands Drapiers ou des Teinturiers,

& pris de l'alun de Rome, aussi pesans que lesdits deux échantillons, & pareille quantité de tartres de Montpellier, l'un & l'autre mêlez ensemble, à proportion desquels échantillons & drogues, on mettra de l'eau sure dans un poislon que l'on fera chauffer, & lors qu'elle commencera à boüillir (& non plûtost) lesdits échantillons & drogues seront mises dans ledit poislon pour y boüillir pendant une demie heure, aprés laquelle lesdits échantillons seront tirez du poislon pour estre confrontez l'un à l'autre.

Pour les Draps teints en sur-brun ou minimes, le déboüilly s'en fera en la mesme maniere que dessus.

Pour déboüillir les Draps de haute couleur, & reconnoistre s'ils sont de pure cochenille, il ne sera mis qu'une once d'alun pour une livre de Drap: Quant aux autres couleurs, & principalement pour les verts, le déboüilly s'en fera comme des noirs & minimes; toutes lesquelles observations seront exactement faites par lesdits Maistres, Gardes & Jurez, & par les Officiers de Police, pour estre fait droit sur la main-levée, ou confiscation des Marchandises saisies, ainsi qu'il appartiendra par raison.

XXXVIII. Pour obliger davantage les Maistres Teinturiers du bon teint à faire leur devoir, & perfectionner leurs teintures, les Marchands Drapiers commettront l'un d'entre-eux (à commencer par le plus ancien qui aura passé en charge de Garde) pour aller en visite chez lesdits Maistres Teinturiers, même chez les Jurez en charge tous les jours de travail pendant quinzaine, pour voir & examiner les ingrediens dont ils composeront leurs teintures, & les Marchandises par eux teintes (& si elles seront de la mesme qualité & échantillons) mis au Bureau de leur Communauté. A l'effet desquelles visites les Maistres Gardes de la Draperie feront faire cinq marques aux dépens de ladite Communauté, sur chacune desquelles sera gravé le nom de la Ville où se feront lesdites teintures, & à l'entour ces mots : Sçavoir sur la premiere, guesde pour passer en garence ; sur la seconde, guesde & garence pour passer en noir ; sur la troisiéme, bleuf pour passer en noir ; sur la quatriéme gaude, & sur la cinquiéme cramoisy : Lesquelles marques seront mises avec des morceaux desdits échantillons entre les mains du préposé ausdites visites par lesd. Maîtres & Gardes de la Draperie afin d'en marquer sur un plomb les Marchandises qui se trouveront teintes desdites qualitez en conformité desdits échantillons: Et pour connoistre les noms de ceux qui auront teint lesdites Marchandises, tous les Maistres Teinturiers seront obligez d'avoir en leurs maisons chacun une petite enclume sur laquelle sera gravé leur nom & surnom, afin que le Marchand préposé aux visites appliquant son plomb à la teste des pieces des Marchandises teintes, le nom du Teinturier qui les aura teintes y soit imprimé par le dessous, au mesme tems que la marque desdits Drapiers le sera par le dessus, quand elle sera posée sur ledit plomb, & frappée d'un coup de marteau sur cette enclume. Ne pourront les Teinturiers garencer les guêdes qu'aprés qu'ils auront esté marquez en guesde, ny passer en noir les guesdes garencez, qu'aprés qu'ils auront été marquez en guesdes garencez, ni passer aussi les bleufs en noir qu'aprés qu'ils auront esté marquez en bleuf, ny encore passer des gaudes en aucunes couleurs, qu'aprés qu'ils auront esté marquez en gaude, ny de délivrer les Etoffes teintes en cramoisy aux Marchands ausquels elles appartiendront, qu'aprés qu'elles auront esté marquées de ladite marque de cramoisy : Et ne pourront aussi lesdits Marchands retirer ny recevoir aucunes Etoffes des Teinturiers qu'elles ne soient marquées desdites marques, à peine de confiscation d'icelles ;

& si lesdites Teintures ne sont de la qualité requise & conforme ausdits échantillons, les Marchandises où elles auront esté appliquées seront saisies & confisquées par les Officiers de Police, & les lizieres déchirées, sauf aux Marchands ausquels elles appartiendront d'en repeter la valeur contre le Teinturier qui les aura teintes : Lequel sera en outre condamné en cent cinquante livres d'amende, & aprés ladite quinzaine sera nommé un autre Marchand pour vaquer ausdites visites pendant le mesme temps, & ainsi successivement & perpetuellement.

XXXIX. Le Juré Teinturier visitera aussi les autres Teinturiers, examinera leurs Teintures & les ingrediens dont elles auront esté composees, ensemble les Etoffes teintes : & si lesdites teintures ou ingrediens sont defectueux, ou s'il s'en trouve de ceux prohibez par le present Reglement, ils seront par luy saisis, & en dressera son rapport qu'il presentera le lendemain au Juge de la Police pour en ordonner la confiscation s'il y échet.

XL. Et dautant qu'il est à craindre qu'aucuns des Marchands qui seroient préposez aux visites des teintures, n'estans assez connoissans de leurs defectuositez, les Maistres Teinturiers qui n'auroient l'intention de se conformer au present Reglement s'en pourroient prévaloir pour faire de fausses teintures ; ou pour leur en oster la connoissance, ils cacheroient les Etoffes mal teintes lors des visites qui se feroient en leurs maisons, & aprés pour mieux couvrir leurs contraventions, les délivreroient secrettement aux Marchands pour lesquels ils les auroient teintes, & avec lesquels ils seroient d'intelligence par le bon marché qu'ils leurs feroient desdites fausses teintures ; ou pour avoir moins de risques d'estre surpris dans le Commerce desdites fausses teintures, ils tiendroient pour des Marchands d'autres Villes que celle de leur demeure : Ou bien les Marchands des Villes Frontieres du Royaume pour avoir meilleur marché de la teinture de leurs Marchandises pourroient les envoyer teindre de fausses teintures dans les païs Etrangers qui leur seroient voisins, ou bien encore les Marchands Etrangers pourroient envoyer en France des Marchandises de faux teint, & par toutes ces sortes de voyes la fausse teinture seroit toûjours en Commerce, & empêcheroit le succés & la perfection de la bonne teinture, au grand préjudice du negoce des Manufactures de France, dont le passé & le present ne fournissent que trop d'exemples de semblables abus pour en douter. Pour à quoy remedier, tous les Draps & Serges de laines teintes qui ne seront marquées à la marque des Marchand Drapiers & du Juré Teinturier, ainsi que dit est cy devant, seront confisquées; Défenses aux Teinturiers de les délivrer ausdits Marchands, & ausdits Marchands de les recevoir ny exposer en vente, & à toutes personnes de les achetter qu'aprés que lesdites marques y auront esté apposées, à peine de deux cens livres d'amende contre chacun des contrevenans, au payement de laquelle ils seront contraints sans déport. Et pour reconnoistre si les Marchandises Foraines auront esté marquées, & si la marque de la bonne teinture y aura esté fidellement mise, ensemble si celles qui auront esté teintes dans les païs Estrangers sont de bon teint; les unes & les autres desdites Marchandises sans exception seront veuës & visitées par les Maistres & Gardes de la Draperie, qui se feront accompagner si bon leur semble par le Juré Teinturier desdites Villes où lesdites Marchandises seront apportées pour y estre debitées & par eux marquées de leur marque, si le teint en est bon; & s'il est faux, elles seront saisies & mises en sequestre, & la confiscation jugée par le Juge de Police, & les lizieres déchirées ; Et pour faciliter lesdites visites seront lesdites Marchandises (excepté celles qui seront apportées aux foires) directement menées & déchargées aux Halles ou autres lieux desdites Villes destinez pour les visites desdites Marchandises , & y estre laissées pendant trois jours seulement, aprés toutefois qu'elles auront passé par les Bureaux de Sa Majesté & acquitté les droits qui y seront dûs : Défenses aux Marchands Drapiers, Merciers & Privigiez suivans la Cour, & à tous autres sans exception, de faire décharger ny recevoir lesdites Marchandises en leurs maisons, boutiques & magazins, qu'aprés qu'elles auront esté visitées & marquées, comme dit est, à peine de confiscation d'icelles, mil livres d'amende , & de tenir leurs boutiques fermées pendant six mois.

XLI. Les Draps & Serges de laine teintes qui seront apportées aux Foires y seront veuës , visitées & marquées par les Maistres & Gardes de la Draperie du lieu où se tiendront lesdites Foires, accompagnez si bon leur semble du Juré Teinturier, qui sera obligé de s'y rendre gratuitement & sans frais lors qu'il en sera requis : Défenses de vendre, achetter ny enlever lesdites Marchandises qu'aprés ladite visite & marque, à peine de confiscation d'icelles sur ceux qui s'en trouveront saisis.

XLII. Les Gardes de la Draperie en charge tiendront les Halles, & autres lieux destinez aux visites des Marchandises bien clos & fermez pour la seureté des Marchandises qui y seront déchargées, à peine de répondre en leurs privez noms des pertes qui en pourroient arriver, & sera tenu bon & fidel Registre par le Clerc desdits Gardes & Jurez, ou autre personne par eux préposée de toutes les Marchandises qui y auront esté déchargées, des noms des Marchands ausquels elles appartiendront, du jour desdites décharges, & de celuy qu'elles leur auront esté renduës, en payant un sol pour piece seulement, sans que ledit droit puisse estre augmenté pour quelque cause que ce soit.

XLIII. Lesdits Maistres & Gardes Drapiers, & le Marchand Drapier préposé pour les visites; ensemble le Juré Teinturier faisans leursdites visites, tous les Marchands de l'une & l'autre Communauté desdits Drapiers & Teinturiers, seront tenus d'ouvrir leurs maisons, magazins & boutiques pour laisser vaquer ausditer visites paisiblement; s'ils en estoient refusans, pourront lesdits Gardes & Jurez faire faire l'ouverture par le premier Serrurier, saisir & enlever lesdites Marchandises dont les Teintures seront defectueuses, comme aussi les ingrediens & matieres deffenduës, ou qui ne seront de la qualité requise pour les bonnes Teintures, ce qu'ils pourront faire en vertu du present Article collationné par un Conseiller & Secretaire de Sa Majesté, sans demander visa ny pareatis à aucuns Juges, & nonobstant oppositions ou appellations quelconques; Et si besoin est, se pourront lesdits Gardes & Jurez faire assister d'un Officier de Justice pour leur donner aide & main forte contre les contrevenans, qui seront condamnez en telle amende & reparation qu'il appartiendra, nonobstant tous Arrests, Statuts, Reglemens, Edits, Declarations, & autres choses à ce contraires ausquelles Sa Majesté a dérogé & déroge pour ce regard.

POLICE DES MAISTRES & Apprentifs Teinturiers.

XLIV. Nul ne sera reçu à la Maistrise qu'il n'ait fait apprentissage chez un Maistre Teinturier en bon teint, & demeuré actuellement au ſervice de ſon Maiſtre l'eſpace de quatre années entieres & conſecutives, & ſervy trois autres années en qualité de Compagnon, comme il ſera dit cy-aprés, dont ſera paſſé Brevet pardevant Notaire, qui ſera enregiſtré ſur le Regiſtre de la Communauté.

XLV. Aucun Maiſtre ne pourra prendre plus de deux Apprentifs, & avant la paſſation du Brevet ſera tenu de s'informer ſi ledit Apprentif eſt de bonne vie & mœurs, & huit jours aprés la fin de l'apprentiſſage, ledit Maiſtre fera faire à ſes frais une expérience de Teinture à ſon Apprentif en preſence du Juré en charge, aprés laquelle ledit Apprentif ſera enregiſtré au Livre des Compagnons, pour lequel enregiſtrement il payera au Juré en charge trente ſols; & ne pourront leſdits Maiſtres obliger autres Apprentifs qu'ils n'ayent fait faire leſdites experiences à ceux qui auront fait leur tems, à peine de vingt-quatre livres d'amende.

XLVI. Ne pourront leſdits Apprentifs s'abſenter de la maiſon & ſervice de leurs Maiſtres pendant leſdites quatre années ſans cauſe legitime & jugée telle par le Juge de Police: Et en cas de contravention, permis à leurs Maiſtres de les faire arrêter par tout où ils les trouveront en vertu des Preſentes, pour leur faire parachever leur temps, ſinon les ſommer par Acte parlant à leurs perſonnes, ou au domicile par eux élû, ou à celuy de leurs cautions, qu'ils ayent à continuer leurs ſervices; Et aprés avoir attendu un mois, pourra les faire rayer ſur le Livre de la Communauté, & en prendre d'autres en leur place, ſans qu'aprés cela leſdits Apprentifs qui auront quitté puiſſent ſe prévaloir du temps qui ſe ſera écoulé pendant leura bſence & premier apprentiſſage, & ſauf auſdits Apprentifs à s'obliger de nouveau à un autre Maistre pour le mesme temps de quatre années.

XLVII Comme aussi le Maistre ne pourra congedier son Apprentif sans cause legitime, jugée telle par ledit Juge de Police, ny en prendre un autre s'étant absenté, que le mois cy dessus dit ne soit expiré, à peine de trente livres d'amende. Et arrivant qu'aucun Maistre vint à s'absenter de la Ville où il faisoit sa demeure, & cesser son travail, il sera pourvû d'un autre Maistre audit Apprentif un mois aprés.

XLVIII. Les Maistres dudit Corps ne pourront débaucher ny attirer chez eux l'Apprentif ou Compagnon d'un autre Maistre, ny luy donner de l'employ directement ny indirectement, à peine de soixante livres d'amende.

XLIX. Aucun ne sera reçû Maistre Teinturier de bon Teint, pour exercer ledit Art de Teinturier & tenir Ouvrois, qu'il n'ait esté, comme dit est, Apprentif & Compagnon l'espace de sept années chez les Maistres de bon Teint, qu'il ne soit de bonne vie & mœurs, ou s'il n'a privilege particulier & fait chef d'œuvre en presence du Juré en charge, & de deux autres Maistres des plus anciens dudit Corps, si tant y en a.

L. Le chef-d'œuvre sera fait dans la Chambre de la Communauté des Teinturiers du bon Teint, ou en la maison du Juré en charge, & sera composé par ledit Aspirant à la Maistrise de quatre balles de pastel de l'Auragais ou autre de Languedoc, qui sera mis dans une cuve pour le preparer & en tirer la Teinture de bleu que ledit pastel produit depuis la nuance la plus brune jusques à la plus claire, & l'appliquer sur des Etoffes de Draperie, & ce durant l'espace de six jours entiers & consecutifs, sans que ledit chef-d'œuvre puisse durer plus long-temps, & estant fait, vû, visité & reconnu bon par le Juré en charge, & deux autres anciens Maiſtres, ſi tant y en a, l'Aſpirant ſera reçu à ladite Maiſtriſe, & preſtera le ſerment pardevant le Juge de Police, aprés quoy ſes Lettres de reception à ladite Maiſtriſe luy seront délivrées en payant les droits accoûtumez : Deffenſes audit Aſpirant de faire aucun feſtin; & aux Jurez & Maiſtres dudit Art, & tous autres d'en recevoir pendant ledit chef-d'œuvre, devant ny aprés, à peine de ſuſpenſion de ladite Maiſtriſe pour un an, & de cent livres d'amende contre chacun des contrevenans, dont ſera délivré executoire par le Juge de Police, aprés la preuve ſommaire qu'il ſera tenu d'en faire ſur la plainte ou dénonciation qui luy en aura eſté faite : & s'il arrivoit conteſtation pour la reception dudit chef-d'œuvre, il ſera vû & viſité par le Juge de Police, ou autres par eux nommez & commis pour cet effet.

LI. Pour faire ledit chef-d'œuvre, l'Aſpirant à la Maiſtriſe fera l'achat dudit Paſtel de ſes deniers en preſence du Juré en charge; & ſi leſdites Marchandiſes qui ſeront par luy teintes, eſtoient gâtées en la Teinture, ledit Aſpirant dédommagera ceux auſquels elles appartiendront.

LII. Les fils de Maiſtres ſeront reçus à ladite Maiſtriſe pardevant le Juge de Police en la maniere acoûtumée, faiſant une experience de bonne Teinture l'eſpace de deux jours ſeulement, en preſence du Juré en charge, & de deux anciens qui auront paſſé par les charges, ſi tant y en a, & auſſi en ſatisfaiſant aux droits ordinaires.

LIII. Et parce que la Teinture eſt un Art qui ne ſe peut apprendre que par un long travail & beaucoup d'experience, au ſujet de quoy par Lettres Patentes du mois de Septembre 1656. regiſtrées au Parlement de Paris, toutes les Lettres de Maiſtriſes dudit

Art de la Teinture de la ville de Paris auroient esté cassées & revoquées; & ordonné que dorénavant nul ne pourra estre Maistre dudit Art de la Teinture qu'il n'ait subi l'examen & fait l'experience pardevant les Jurez, & satisfait aux Reglemens: En consequence desdites Lettres Patentes nul ne pourra cy-aprés estre reçu Maistre dudit Art de Teinturier du bon teint, en quelque lieu que ce soit du Royaume, qu'aprés avoir esté Apprentif & Compagnon pendant sept années, & fait chef-d'œuvre en la maniere dite cy-devant: Et neanmoins si des Teinturiers Estrangers venoient s'establir en France, Sa Majesté y pourvoira ainsi qu'elle verra estre à faire.

LIV. Les veuves desdits Maistres Teinturiers de la bonne teinture pourront continuer leur Negoce & Art de ladite teinture, tenir Ouvroirs & faire travailler chez elles, tout ainsi & de mesme que pouvoient faire leurs deffunts maris, sans qu'elles puissent associer personne avec elles, sinon les Maistres dudit Corps, ny faire aucuns Apprentifs; mais seulement pourront faire parachever en leurs maisons les apprentissages commencez & passez avec leurs maris. Et en cas que lesdites veuves quittassent ledit Art de Teinture, elles seront tenuës de remettre les Brevets & Apprentifs entre les mains du Juré en charge, pour leur estre pourvû d'un autre Maistre, & achever de le servir le temps porté par lesdits Brevets.

LV. Lesdites veuves & filles de Maistres épousant un Compagnon dudit Art de Teinturier de bon teint, il sera affranchi du temps qu'il seroit obligé de servir les Maistres suivant les presens Statuts, en faisant neanmoins le chef-d'œuvre lors de leur reception à la Maistrise en la maniere cy-devant dite, & ne payeront autres droits que ceux que payent les fils de Maistres.

LVI. Aucuns desdits Maistres ny leurs Veuves ne pourront occuper plus d'une Maison, Boutique ou Ouvroirs de teintures : Et pourront mettre au devant desdites Boutiques des toilles, tapis, étallages, dépendans dudit Art, sans qu'il puisse prester leur nom à qui que ce soit, sous pretexte de parenté ou autrement, ny associer avec eux aucun qui ne soit Maistre de la Communauté, à peine de cinq cens livres d'amende. Et pourront aussi faire attacher à leursdites maisons des perches pour tendre sur ruë les Etoffes & Ouvrages qu'ils auront teints, lesquelles perches ne pourront passer la moitié de la ruë, & les Etoffes & Ouvrages qu'ils auront teints, ne pourront descendre qu'à trois toises prés de terre, suivant l'Arrest du Parlement de Paris du dix Mars 1610.

LVII. Les Jurez en charge auront un Registre qui sera actuellement dans la Chambre de la Communauté, sur lequel ils transcriront les presens Statuts & Reglement pour y avoir recours quand besoin sera, & feront lesdits Jurez imprimer aux frais de leur Communauté lesdits presens Statuts & Reglemens, & en délivrer une copie pour une fois seulement à chacun Maistre dudit Corps un mois aprés la publication d'iceux, dont lesdits Maistres signeront la reception sur ledit registre, afin qu'ils ne les puissent ignorer, ny s'excuser sur les contraventions qu'ils y pourroient faire, le tout à peine de cent livres d'amende.

LVIII. Lesdits Jurez en charge s'assembleront en la chambre de leurdite Communauté tous les premiers Lundy du mois à deux heures de relevée, & plus souvent s'il est besoin, pour conferer des affaires de ladite Communauté, oüir les dénonciations & plaintes qui leur seront faites par les Apprentifs & Maistres Compagnons touchant le fait de la Teinture, circonstances & dépendances d'icelle, pour eſtre reglez à l'amiable par leſdits Jurez en charge qui ſeront tenus d'en donner leur avis par écrit, auquel les Parties ſeront obligez de déferer, ſi mieux n'aiment payer par forme de peine la ſomme de dix livres (qui ſera employée pour les affaires dudit Corps) lequel avis les appellans ſeront tenus de rapporter avec la quittance de ladite ſomme de dix livres, avant que d'eſtre reçus à ſe pourvoir contre iceluy.

LIX. Et au cas qu'il arrive quelques affaires importantes concernant ledit Corps & Communauté qui pût donner occaſion de procés, ou avoir d'autres ſuites de conſequence, les Jurez en charge feront aſſembler en leur chambre le plus grand nombre des Maiſtres dudit Corps qui leur ſera poſſible, du moins celuy de cinq, ſi tant y en a, auſquels ils propoſeront les affaires dont il s'agira pour les réſoudre à la pluralité des voix; & ce qui ſera ainſi réſolu ſera tranſcrit ſur ledit Regiſtre de la Communauté, & executé par tous les Maiſtres dudit Corps, comme ſi tous y avoient aſſiſté.

LX. Si les Marchandiſes teintes venoient à eſtre ſaiſies & venduës ſur ceux qui les auront fait teindre, les Maiſtres Teinturiers ſeront payez par preference à tous creanciers ſur les deniers en provenans des ſommes qui leur ſeroient deuës pour leſdites teintures des deux dernieres années ſeulement, pourvû que les parties en ſoient arreſtées, attendu que c'eſt œuvre de main, & que leſdites teintures augmentent le prix deſdites Marchandiſes, & pour le plus de leur dû y viendront par contribution.

LXI. Toutes les Amendes qui ſeront adjugées en conſequence des preſens Statuts & Reglemens, & pour les contraventions à iceux, ſeront applicables; Sçavoir, moitié à Sa Majeſté, un quart aux Gardes

Gardes de la Draperie ou au Juré Teinturier qui auroit fait faire la saisie, & l'autre quart aux pauvres de l'Hôpital dudit lieu où les Jugemens seront rendus.

LXII. Et pour connoistre si les Gardes des Marchands Drapiers & le Juré Teinturier se seront bien acquittez du devoir de leur Commission, & exactement executé les presens Reglemens & Statuts, & pour rechercher d'autant plus les moyens de perfectionner les Teintures ; attendu qu'en icelles consiste la beauté, le bon usage & le debit des Marchandises de Draperie, Sergerie, & autres Etoffes de laine dans toutes les Villes du Royaume où il y a & aura cy-aprés Corps & Communauté de Teinturiers, les Officiers de Police des Arts & Manufactures desdites Villes feront assembler pardevant eux, aux lieux ordinaires & accoustumez pour les Assemblées au mois de Janvier de chacune année, les Gardes en charge des Marchands Drapiers & Juré Teinturiers, avec ceux qui seront sortis de charge l'année precedente, & six autres personnes de l'une & l'autre Communauté, telles qu'ils les voudront choisir : Ensemble deux Notables Bourgeois, afin que lesdits Gardes & Juré en charge informent l'Assemblée de l'estat auquel seront lesdites Teintures, de leur progrés, des moyens qu'ils jugeront necessaires pour leur perfection, & de l'obeïssance ou des contraventions qu'ils auront remarquées avoir esté faites aux presens Statuts, & les remedes qu'il conviendra d'y apporter, pour estre sur le tout par ladite Assemblée donné son avis de ce qu'elle jugera le plus utile & raisonnable pour le bien public & le commerce des Marchandises qui passent par la Teinture : & le lendemain desdites Assemblées, lesdits Officiers de Police assistez desdits Gardes & Juré se transporteront dans les Maisons, Ouvroirs & Magazins desdits Teinturiers, pour y faire examiner en leur presence la qualité des matieres & ingrediens que lesdits Teinturiers employeront dans leurs teintures, & se faire representer les échantillons de bon teint, & les marques destinées pour marquer lesdites Marchandises teintes, afin de voir si le tout sera en conformité de ce qui a esté ordonné par les presens Statuts; ce fait en dresser leur procés verbal, & sur le tout ordonner ce qu'il appartiendra par raison, dont sera fait mention sur les Registres des Communautez desdits Marchands Drapiers & Teinturiers, & donner avis par lesdits Officiers de Police au sur-Intendant des Arts & Manufactures de France un mois aprés lesdites Assemblées, le tout gratuitement & sans frais.

EXTRAIT DES REGISTRES du Conseil d'Etat.

LE Roy aïant fait rechercher les moyens necessaires pour perfectionner les Manufactures des Draps & Serges de laine qui se font dans son Royaume; afin d'en augmenter le Commerce pour l'utilité de ses Sujets, il auroit esté proposé à Sa Majesté par les Marchands Drapiers & Sergers de plusieurs Villes où lesdites Manufactures sont establies divers Reglemens & Statuts pour leur Fabrique, lesquels Sa Majesté auroit approuvés, & sur iceux fait expedier les Arrests de son Conseil & ses Lettres Patentes pour les autoriser. Mais comme les Teintures desdites Manufactures ne sont pas de moindre consequence au Public que la Fabrique & construction d'icelles, l'une & l'autre estant necessaire pour leur beauté & bon usage; les Maistres & Gardes des Marchands

Drapiers de la ville de Paris qui en font le plus grand Commerce, auroient representé à Sa Majesté les abus qui se commettent ausdites teintures, & les moyens pour y remedier, qui sont amplement contenus en soixante-deux Articles qu'ils ont dressez pour ce sujet, dont ils demandent l'approbation de Sa Majesté, & qu'il luy plaise expedier ses Lettres Patentes sur iceux en forme de Statut & Reglement General. A quoy Sa Majesté desirant pourvoir avec une parfaite connoissance : Oüy le rapport du Sieur Colbert, Conseiller ordinaire de Sa Majesté en ses Conseils, & Contrôlleur General de ses Finances. SA MAJESTE' EN SON CONSEIL ROYAL de Commerce, a renvoyé & renvoye lesdits Articles au Lieutenant du Prevost de Paris pour la Police, & au Procureur de Sa Majesté au Chastelet pour y donner leurs avis, & iceux vûs & rapportez audit Conseil, estre pourvû ainsi qu'il appartiendra par raison. FAIT au Conseil d'Etat du Roy, tenu à S. Germain en Laye, le vingtiéme jour de Juin mil six cens soixante-neuf.

Avis des Officiers de Police.

VEu par Nous Gabriël-Nicolas de la Reynie, Conseiller du Roy en ses Conseils d'Etat & Privé, Maistre des Requestes ordinaire de son Hostel, & Lieutenant de Police de la Ville, Prevosté & Vicomté de Paris : Et Armand Jean de Riants aussi Conseiller du Roy en ses Conseils, & son Procureur au Châtelet de Paris, les Articles cy-dessus au nombre de soixante-deux, presentez à Sa Majesté par les Maîtres & Gardes de la Marchandise de Draperie de cette ville de Paris, à ce qu'il luy plût les approuver, & faire expedier sur iceux ses Lettres Patentes en forme de

Statuts & Reglement General pour les Teintures en grand & bon Teint des Draps, Serges, & Etoffes de laine uniformément qui se manufacturent dans le Royaume : L'Arrest du Conseil du vingtiéme May dernier, par lequel le Roy en son Conseil Royal de Commerce nous a renvoyez lesdits Articles, pour sur iceux donner nostre avis : La Requeste à nous presentée par ledit Procureur du Roy, par laquelle il nous auroit requis avant que donner nôtre avis, que six Marchands Drapiers de cette ville de Paris, & quatre anciens Maistres Teinturiers fussent oüis pardevant Nous en sa presence sur lesdits Articles, à quoy ayant esté satisfait.

Nostre avis est sous le bon plaisir de Sa Majesté, que lesdits Articles sont utils au Public, & tres-necessaires pour le restablissement & perfection des Teintures, des Etoffes, Marchandises & Manufactures de laine qui sont fabriquées en France, tant pour l'usage & consommation qui s'en fait dans le Royaume, que pour en augmenter le debit dans les Païs Estrangers. FAIT à Paris le treiziéme Juillet 1667. Signé, DE LA REYNIE, & DE RIANTS.

LETTRES PATENTES D'APPROBATION desdits Statuts & Reglemens.

LOUIS par la grace de Dieu Roy de France & de Navarre : A tous presens & à venir ; SALUT. Les Maistres & Gardes des Marchands Drapiers de nostre bonne ville de Paris Nous ayant remontré, que l'abus qui se commet aux teintures des Draps & Serges qui sont manufacturées dans nostre Royaume est si grand & de telle consequence à nostre Estat, qu'à ce sujet le Negoce qui se faisoit desdites Manufactures dans le Levant a cessé entierement depuis quelques années, & celuy qui s'en fait dans nôtre Royaume a diminué de plus de moitié ; & à cette proportion le Commerce des Marchandises Estrangeres de mesme espece s'y est augmenté, ce qui procede particulierement de la mauvaise composition desdites teintures, & des faux ingrediens que les Maistres Teinturiers y meslent. Pour à quoy remedier, lesdits Maistres & Gardes de la Draperie Nous auroient presenté des Articles en forme de Statuts, Ordonnances & Reglemens pour les Teintures en grand & bon teint de toutes lesdites Manufactures de laine, lesquels ils Nous ont tres-humblement supplié de vouloir approuver, & sur iceux faire expedier nos Lettres à ce necessaires. A CES CAUSES, de l'avis de nostre Conseil Royal de Commerce, qui a vû & examiné lesdits Articles au nombre de soixante-deux, l'Arrest de nostredit Conseil du vingtiéme May dernier, portant renvoy d'iceux au Lieutenant de Police, & à nostre Procureur au Chastelet de Paris pour y donner leur avis : ledit avis estant au bas desdits Articles du treiziéme Juillet dernier, le tout cy-attaché sous le contre scel de nostre Chancellerie : Nous avons par ces Presentes signées de nostre main, & de nostre grace speciale, pleine puissance & autorité Royale, approuvé & confirmé, approuvons & confirmons lesdits Articles de Statuts, Ordonnances & Reglemens pour les Teintures en grand & bon teint des Manufactures de laine & de fil. Voulons que dans toute l'étenduë de nostre Royaume, Terres & Seigneuries de nostre obéïssance, ils soient gardez, observez & executez de point en point, selon leur forme & teneur. SI DONNONS EN MANDEMENT, à nos amez & feaux Conseillers, les Gens tenans nostre Cour de

Parlement de Paris, que ces Presentes, & lesdits Articles de Statuts & Reglemens ils fassent lire, publier, registrer, garder & observer, sans y contrevenir, ny souffrir qu'il y soit contrevenu, nonobstant toutes choses à ce contraires, ausquelles nous avons dérogé & dérogeons. Et parce que des Presentes & desdits Statuts & Reglemens l'on pourroit avoir affaire en plusieurs lieux : Voulons qu'aux copies collationnées d'iceux par l'un de nos amez & feaux Conseillers & Secretaires, foy soit ajoûtée comme aux originaux : CAR tel est nostre plaisir. Et afin que ce soit chose ferme & stable à toûjours, Nous avons fait mettre nostre Seel à cesdites Presentes. DONNE' à saint Germain en Laye le jour d'Aoust, l'an de grace mil six cens soixante-sept, & de nostre Regne le vingt-septiéme. Signé, LOUIS. Et plus pas, Par le Roy, COLBERT. Et scellé du grand Sceau de cire verte sur lacs de soye rouge & verte. Et sur le reply est encore écrit.

Lû, publié, registré, ouy, & ce requerant le Procureur General du Roy, pour estre executé selon leur forme & teneur. A Paris en Parlement, le Roy y seant en son Lit de Justice, le treiziéme Aoust mil six cens soixante-neuf.

Signé, DU TILLET.

STATUTS, ORDONNANCES & Reglemens, que Sa Majesté veut estre observez par tous les Marchands Maistres Teinturiers en soye, laine & fil des Villes & Bourgs de son Royaume.

PREMIEREMENT.

LESDITS Marchands Maistres Teinturiers en soye, laine & fil de chacune Ville, demeureront unis & ne feront qu'une seule & mesme Communauté, à la charge neanmoins que les Maistres Teinturiers en soye ne pourront teindre ny vendre que de la soye. Comme aussi les Teinturiers en laine & fil ne pourront teindre ny debiter que de la laine & du fil ou des estoffes de mesme qualité, à la reserve des Estoffes ou Marchandises qui auront esté déja teintes, la liberté demeurant à tous Maistres Teinturiers de teindre indifferemment toutes sortes d'estoffes neuves ou usées, tant de soye, que de laine ou de fil. Et en consequence de ce à l'avenir, ceux qui seront reçus Maistres Teinturiers en soye, laine & fil, ne seront tenus de faire Chef-d'œuvre que sur l'une desdites teintures de soye, de laine ou de fil, & sur celle des trois qu'ils choisiront, & dont ils voudront travailler; Et quand aux Maistres de la Communauté desdits Teinturiers de soye, laine & fil qui sont à present, & qui ont esté déja reçûs; Ils seront tenus d'opter & de faire leurs declarations sur le Registre de la Communauté, en quelle des trois sortes de teintures ils voudront travailler, & ce dans trois mois du jour de la publication du present Reglement, à peine de trois cens liv. d'amende contre chacun des contrevenans; & ladite option estant faite, ne pourront lesdits Maistres travailler en autre teinture qu'en celle qu'ils auront choisie sous les mesmes peines, & confiscation des Etoffes & Marchandises; auront neanmoins lesdits Maistres qui se trouveront à present reçus la liberté de changer l'option qu'ils auront faite pour une fois, en faisant prealablement leur declaration par écrit aux Jurez qui seront en charge, & sur le Livre de ladite Communauté dans deux mois, aprés lesquels ils n'y seront plus reçus. Ce qu'ils seront pareillement tenus de faire devant le Juge de Police & sans frais.

II. Pour maintenir d'autant plus lesdits Maistres Marchands Teinturiers dans l'union & la bonne intelligence en laquelle ils doivent vivre; & pour tenir la main à l'execution des presens Reglemens, sera nommé par chacun an, à la pluralité des voix, le même jour que les élections ont esté cy-devant faites, & pour les lieux, où n'en a esté fait à tel jour qui sera reglé par les Officiers qui ont droit de le faire, le nombre des Gardes ou Jurez dudit Art de Teinturier qu'ils aviseront bon estre, eu égard aux lieux où se font lesdites élections; sçavoir, dans les Villes où il y a Teinturiers en soye, laine & fil sera élû pareil nombre de Teinturiers en soye que de Teinturiers en laine & fil, c'est à dire, que quand l'élection sera de quatre Jurez, il y en aura deux en soye, un en laine & un en fil, & s'il y en a plus, le mesme ordre & proportion sera observé, & dans les Villes où il n'y aura que des Teinturiers en laine & fil, le nombre des Jurez de l'une & de l'autre qualité sera égal lesquels Gardes & Jurez presteront le serment pardevant lesdits Officiers, de bien & deuëment exercer leur commission pendant le temps d'icelle, qui ne pourra estre moins que d'une année, & les Jurez sortans de charge sera procedé à nouvelle élection; mais de maniere qu'il y aye toûjours moitié de Jurez Teinturiers en soye, & l'autre moitié en laine & fil, & qu'il y reste moitié des anciens pour instruire les nouveaux, & ainsi successivement d'année en année le mesme ordre sera toûjours observé; seront tenus lesdits Jurez de bien & deuëment faire leurs charges, de rechercher en faisant leurs visites chez tous les Maistres Teinturiers les contraventions qui pourroient estre faites au present Reglement, & d'en faire leurs rapports en la maniere accoustumée au Juge de Police des Manufactures, & seront lesdits Gardes ou Jurez visitez par deux Maistres du mesme Corps qui seront aussi choisis & nommez à la pluralité des voix le mesme jour de l'élection desdits Jurez, sans qu'ils puissent faire visite que chez lesdits Jurez, ny à cause de ladite commission prétendre rang ny voix déliberative autre que celle de leur ancienneté; Ne pourront lesdits Maistres dudit Art faire aucunes brigues, festins & autre dépense en quelque maniere que ce soit, pour estre élû Garde ou Juré devant ny aprés l'élection, à peine de cent livres d'amende contre chacun de ceux qui auront fait lesdites brigues, donné ou accepté lesdits festins, dont sera délivré executoire par le Juge de Police contre les contrevenans. Et un mois aprés que lesdits Jurez seront sortis de charge, ils seront tenus de rendre leur compte en presence des six anciens qui auront passé par les charges, & de trois modernes de toutes les qualitez des Teinturiers en soye, laine & fil, & sans frais.

III. Les Maistres Gardes ou Jurez en charge chacun à leur égard feront tous les ans quatre visites generales chez les Maiſtres Teinturies en ſoye, laine, & fil, & chez les Plieurs de ſoye, pour chacune deſquelles chacun Maiſtre Teinturier leur payera dix ſols, & leur donnera ſon nom, & les noms & ſurnoms de ſes Fils, Compagnons & Apprentifs, pour connoiſtre s'ils ont eſté enregiſtrez ſur le Livre de la Communauté dudit Corps; Et en cas que leſdits Gardes ou Jurez trouvent de la defectuoſité en quelques unes deſdites teintures, ils pourront faire ſaiſir & enlever les choſes mal teintes en vertu du preſent article, collationné par un Conſeiller & Secretaire de Sa Majeſté, ſans demander viſa ny pareatis à aucuns Juges, eſtant aſſiſté d'un Officier de Juſtice; à cet effet, tous les Maiſtres Teinturiers & Plieurs de ſoyes ſeront tenus d'ouvrir auſdits Jurez leurs maiſons, magazins & boutiques. Et lorſque leſdits Maîtres Teinturiers ſortiront de charge, ils remettront entre les mains de ceux qui leur ſuccederont tous les Regiſtres & Papiers de ladite Communauté, avec les Rôlles où ſont inſcrits les noms & ſurnoms des Maîtres, Fils de Maiſtres, Compagnons & Apprentifs qu'ils auront trouvé en faiſant leurs viſites travaillans auſdites teintures.

IV. Pour empêcher les fraudes & abus des teintures, ſera à l'avenir obſervé ce qui enſuit.

V. Premierement, comme le luſtre de la ſoye en eſt la principale qualité, & qu'il eſt important de le donner en perfection, ce qui dépend particulierement de bien décreuſer ladite ſoye : Tous les Maîtres Teinturiers en ſoye ſeront tenus de bien & deuëment faire cuire & décreuſer toutes ſortes de ſoyes de quelque couleur que ce ſoit, ſans exception, avec bon ſavon blanc, défenſes d'employer de noir, duquel ſavon blanc leſdites ſoyes ſeront aprés bien dégorgées en les battant & lavant dans la Riviere; enſuite ſeront miſes dans un bain d'alun de Rome tout à froid, & non à chaud, attendu que la chaleur dans l'alun pert le luſtre de la ſoye, & de plus le rend rude & acre.

VI. Toutes les ſoyes pour teindre en Cramoiſy aprés eſtre bien dégorgées de leur ſavon, comme dit eſt cy-deſſus, ſeront alunées fortement, & puis bien lavées & battuës, afin de les dégorger dudit alun, & enſuite ſeront miſes dans un bain de cochenille chacune ſelon ſa couleur, en la maniere qui ſera expliquée cy-aprés.

VII. Les Rouges & Eſcarlates Cramoiſy, ſeront faites de pure Cochenille Maeſtreck, y ajoûtant la galle à l'épine, le teramerita, l'arſenic & le tartre de Montpellier, le tout mis enſemble dans une chaudiere pleine d'eau claire, preſque boüillante, & la ſoye eſtant preparée, comme il eſt dit cy-devant, ſera miſe dans ladite Chaudiere pour y boüillir inceſſamment l'eſpace d'une heure & demie, aprés quoy ladite ſoye ſera levée, & le feu oſté de deſſous la chaudiere, laquelle ſoye eſtant froidie par l'évant qu'on luy fera prendre; Elle ſera rejettée dans le reſte dudit bain de cochenille, & miſe à fonds pour y demeurer juſques au lendemain, ſans y méſler devant ny aprés aucun breſil, orſeille, rancourt ny autre ingredien pour quelque cauſe que ce ſoit, à peine de cent cinquante livres d'amende pour chacune contravention.

VIII. Les Violets Cramoiſy ſeront auſſi preparez, comme dit eſt, & faits de pure cochenille avec la galle à l'épine plus modérement qu'au Rouge, l'arſenic & le tartre, puis boüilly comme les autres cy-deſſus, & enſuite bien lavez & paſſez dans une bonne cuve d'inde, & dans ſa force ſans mélange d'autres ingrediens.

IX. Les Canellez ou tannez Cramoisy, seront faits comme les Violets cy-dessus, & s'ils sont clairs, on les pourra rabattre avec la couperose; mais s'ils sont bruns & violets, seront passez sur une cuve d'inde mediocre, sans mélange d'autres ingrediens.

X. Les Bleus pâles & bleus beaux seront teints de pure cuve d'inde.

XI. Les bleus Celestes ou complets auront pied d'orseille de Lyon autant que la couleur le requierera, puis passez sur une bonne cuve aussi d'inde.

XII. Les Gris de lin silvie ou au bisoin seront d'orseille de Lyon ou Flandre, puis rabbatus avec un peu de cuve d'inde, si besoin est, ou de la cendre gravelée.

XIII. Les Citrons seront alunez, puis teints de gaude avec un peu de cuve d'inde.

XIV. Les Jaunes de graines seront alunez, puis forts de gaude, & mesme couverts avec un peu de bain de rancourt suivant la couleur.

XV. Les Jaunes pâles seront alunez & teints de gaude seule.

XVI. Les Aurores pâles & brunes seront alunées, puis gaudez fortement, & ensuite rabbatus avec le rancourt, lequel sera preparé & dissous avec cendre gravellée potasse ou soulde.

XVII. Les Isabelles pâles & dorées seront teintes avec un peu de rancourt preparé comme dessus, & sur le feu.

XVIII. Les Orangers seront teints sur le feu de pure rancourt preparé, comme dessus, & les bruns seront ensuite alunez, & on leur donnera un petit bain de brezil si besoin est

XIX. Les Ratines ou couleur de feu auront mesme pied de rancourt que les Orangers, puis seront alunées, & on leur donnera un bain ou deux de brezil, suivant la couleur.

XX. Les Escarlates ou rouges rancez n'auront de pied de rancourt que la moitié de ce qui s'en donne aux Orangers, puis seront alunées, & ensuite on leur donnera deux bains de brezil.

XXI. Les Celadons verds de pomme, verds de mer, verds naissans & verds gais, seront alunez, & ensuite gaudez avec gaude ou sarrete suivant sa nuance, puis passez sur la cuve d'inde.

XXII. Les Verds bruns seront alunez, gaudez avec gaude, ou sarrete & passez sur une bonne cuve d'inde, puis rabbatus avec le verdet & le bois d'inde.

XXIII. Les Feüilles mortes seront alunées, puis teints avec la gaude & fustel, & rabbattus avec la couperose.

XXIV. Les Olives & verds roux seront alunés, puis montez de gaude & fustel, & rabbattus avec le bois d'inde & couperose.

XXV. Le Rouge incarnat & Rose seront alunez & faits de pur bresil.

XXVI. Les Canelez & Rose seiche seront alunez & faits de bresil & bois d'inde.

XXVII. Le Gris violant sera aluné & fait de bois d'inde.

XXVIII. Les Violets seront montez de bresil, bois d'inde ou de l'orseille, puis passez sur la cuve d'inde.

XXIX. Les Gris plombez seront tous faits de fustel, ou avec de la gaude ou sarrete, bois d'inde, eaux de galle & couperose.

XXX. Les Muscs minimes, gris de maure, couleur de Roy & de Prince, tristamie, noisettes, & autres de couleur semblable seront faits de fustel, bresil, bois d'inde & couperose.

XXXI. En toutes lesquelles couleurs ne sera

donné aucune surcharge de galle, à peine de cent cinquante livres d'amende pour chacune contravention, attendu que c'est fausseté, & que ladite surcharge appesantit les soyes; ce qui cause une notable perte à ceux qui les achettent & employent.

XXXII. Les Grosses soyes pour mettre en noir seront bien decreusées avec savon blanc & non noir, & ensuite bien lavées & torses, puis seront mises en corde ou dans des bastons, aprés quoy on fera boüillir un bain de galles appellé vieille galle, & une heure & demie aprés qu'elle aura bien boüilly, la soye sera mise dans ledit bain de galle, & laissée pendant un jour & demy, ou deux jours; puis sera tirée dudit bain, & bien lavée dans de l'eau claire, & aprés torse: Ensuite sera mise dans une chaudiere de galle neuve, où ne sera mis de galle fine que la moitié de la pesanteur de la soye, pour y demeurer un jour ou deux au plus, & aprés sera lavée & torse, puis passée sur la teinture noire & baillé trois feux au plus, & non davantage; aprés sera bien battuë & bien lavée, puis adoucie avec du savon blanc de bonne qualité, & non autre; & ensuite torse & mise seicher.

XXXIII. Lesdits Maîtres Teinturiers ne pourront passer lesdites soyes noires plus de deux fois dans la galle, ny de les passer dans l'alun, ny aussi bailler aucun noir entre deux galles, ny mêler aucun noir avec les galles, ains le noir sera donné sur de la galle blanche, ny faire aucun biscuit, ny faux noir, à peine de deux cens livres d'amende pour chacune contravention, & de fermer la boutique du contrevenant pendant six mois pour la premiere fois, & d'interdiction de la Maistrise pour toûjours en cas de recidive, attendu que cela brûle & surcharge les soyes. Et sur les mesmes peines ne pourront aussi passer dans la galle aucunes soyes couleur de tristamie, canelle, minime, pain bis, gris salle, feüille morte, & generalement toutes sortes de couleurs, excepté le gris-brun; lequel gris-brun sera decreusé & puis lavé & tors, & aprés mis à froid dans une vieille galle, & ensuite lavé, & mis seicher, sans mettre de la moullée de Taillandier à aucun noir sur les mêmes peines que dessus.

XXXIV. Et quant aux soyes noires fines, elles seront décreusées, lavées & torses, de mesme qu'il est dit cy-dessus pour la grosse soye noire; & aprés on fera boüillir de la galle neuve pendant une heure, puis la soye y sera mise une fois seulement, & ensuite lavée, torse & passée sur le noir deux ou trois fois au plus, aprés bien lavée & adoucie avec du savon blanc, & non autre; & puis mise sur les perches pour secher.

XXXV. Les Gris noirs (vulgairement appellez Gris minimes) seront engallez, comme le noir & passez sur la teinture noire autrement appellé un feu, une fois seulement.

XXXVI. Et pour le regard dès soyes fines organcinées, moulinées & appareillées pour estre employées en Etoffes de soye, mesme les poils ou trames de quelques qualitez qu'ils soient, lesdites soyes seront teintes seulement avec des galles legeres; sçavoir, quatre onces de galles fines pour chaque livre de soye sans alun, ny aucune autre surcharge, à peine de confiscation, & de cent livres pour chacune contravention.

XXXVII. Ne pourront lesdits Maistres Teinturiers mettre dans le bain d'alun des soyes blanches sans soulphre, tant pour filer l'argent, que pour faire autres ouvrages, à peine de consisoation.

XXXVIII. Comme aussi ne pourront lesdits Maistres Teinturiers teindre aucunes soyes en noir ny couleur à demy bain vulgairement appellé teint sur le crû; mais seront toutes sortes & qualitez de soyes bien & deuëment cuites & décreusées, comme il a esté dit cy-devant, à peine d'estre lesdites soyes confisquées, & de cent livres d'amende pour chacune contravention. Et neanmoins, attendu que pour les petits velours à un poil qui se font en la ville de Lyon seulement, & pour les crespes ou crespons, gazes & toilles de soye qui se font en plusieurs lieux, on a necessairement besoin de soyes teintes sur le cru; il sera annuellement nommé par les Officiers de Police des Manufactures un Maistre Teinturier, lequel pourra seul, à l'exclusion de tous autres, teindre pendant ladite année les soyes sur le crû, pour lesdits petits velours de Lyon, lesdits crespes, crespons, gazes & toilles de soye seulement, & non pour autres Etoffes, à condition toutefois que ledit Maître Teinturier ainsi nommé & choisi pour une année tiendra Registre, qui sera paraphé par le Greffier dudit Juge de Police des Manufactures de toutes lesdites soyes par luy teintes sur le cru, des noms de ceux qui les auront données à teindre; duquel Registre il donnera communication sans déplacer aux Gardes & Jurez en charge du Corps des Marchands Maîtres Ouvriers en soye, toutesfois & quantes qu'il en sera requis, pour par lesdits Jurez Ouvriers en soye connoître si toutes lesdites soyes seront employées ausdites Fabriques de petits velours de Lyon, & aux crespes, crespons, gazes & toilles de soye; & éviter les fraudes & abus qui s'y pourroient commettre en les employant à d'autres Etoffes, à peine contre ledit Teinturier nommé & choisi, comme dit est, ne tenant ledit Registre, ou qui en refuseroit la communicntion, ou qui teindroit d'autres Etoffes que celles cy-dessus sur le crû & contre les autres Teinturiers non nommez qui teindroient

teindroient desdites soyes sur le crû, de cent livres pour chacune contravention, & d'interdiction de la fonction de son exercice pour six mois.

XXXIX. Pour aussi faire soigneusement & exactement observer la bonne teinture aux laines, qui seront employées en tapisserie & autres ouvrages, elles seront teintes à l'avenir en la maniere cy-aprés.

XL. Premierement, les Violets & Amarante Cramoisy, seront faits de cuve & Cochenille, sans y mêler de l'orseille, ny autres ingrediens.

XLI. Les couleurs de Roze ou Pourpre, seront faites de cochenille, sans les rabattre d'orseille.

XLII. Les Rouges bruns de bon teint, seront faits de cume & rabattus de garance, sans y mêler du bresil.

XLIII. Les Escarlates & Incarnats couleur de feu, Orangé, Jaune doré & Isabelle seront teintes de tourre teinte en garance, sans mêler du fustel.

XLIV. Les Bleus vert-gay, Vert de pomme, Vert de chou, Vert d'olive, Vert de mer, Vert d'œillets & celadon, seront gaudez & passez en cuve, sans les brunir avec du bois d'Inde.

XLV. Les More doré & Feüilles mortes & Vert Roux, seront gaudez & passez en cuve.

XLVI. Le noir de bon teint, sera teint en bleu & rabattu de galle à l'épine & couperose, sans y mettre de la moullée de taillandier.

XLVII. Les Couleurs communes seront teintes de galle à l'épine, & toutes sortes d'ingrediens, que lesdits Teinturiers jugeront les plus propres pour leur bonté.

XLVIII. Les Gris & Noirs communs seront teintsde galle à l'épine & couperose.

XLIX. Les Couleurs de feu, Orangez & Nacaras, seront teints de bourre teinte en garance.

L. Les Ratines de Beauvais, Moüy, Merlou, Serges de Londre & d'Aumalle, Barracans & Revêches pour estre faites Rouges, seront teintes en garance.

LI. Toutes sortes de Serges, Camelots, Estamines, Ratines de Roüen, Dieppe, Beauvais, Londre, & façons de Londre, Aumalle, Châlons, Chartres, Moüy, Revêches & Barracans, pour estre mis en couleur de Nacarat & Incarnadin, seront teintes de bourre teinte en garance.

L I I. Lesdites Serges de Londre & façon, celles de Moüy, Châlons, Chartres, Aumalle, Camelots & Estamines pour Cramoisy, Violet, Pensée, Gris & Rouge, seront teints de Cochenille.

L I I I. Lesdites Serges de Londre, Moüy, Merlou, Aumalle, Châlons, Chartres, Ysprcs, Ascot, Camelots, Estamines, Ratines de Roüen, Beauvais, Dieppe, Revesches de Beauvais, d'Angleterre, & Barracans pour faire noir, seront teintes en bleu, pers, galles & couperose.

L I V. Lesdites Serges & Revesches cy-dessus exprimées pour le vert & le bleu, seront teintes de Pastel de Languedoc.

L V. Pourront lesdits Marchands Teinturiers en laine blanchir toutes sortes de toilles de lin, cotton, chanvre, fils, Camelots, Serges, Ratines & Estamines neuves ou vieilles, bas d'estames, comme aussi vendre & negocier des canevats de toutes sortes de largeur pour faire des tapisseries seulement.

L V I. Sera teint par chacun an des échantillons desdites laines de mesme pied, nuance & couleur, & en la maniere prescrite pour les échantillons des soyes en l'article quatre vingt du present Reglement, pour en estre usé ainsi qu'il est dit par iceluy au regard des teintures desdites laines.

LVII. Et comme il importe aussi que le fil soit teint de bonne teinture, afin de ne rien omettre de ce qui en peut faire la beauté & le bon usage, la teinture des fils de toutes sortes & qualitez sera observée par les Maistres Teinturiers en fil, comme il sera dit cy-aprés.

LVIII. Premierement, avant que de mettre aucun fil à la teinture, il sera décrué ou lessivé avec bonne cendre, & aprés retors, & lavé en eau de Riviere ou de Fontaine, & aussi retors.

LIX. Le Fil pers, appellé vulgairement fil à marquer, retors & simple, & le bleu brun, clair & mourant seront teints avec inde platte ou indigo.

LX. Le Vert gay sera premierement fait bleu, & ensuite rabattu avec bois de campesche & verdet, puis gaudé.

LXI. & LXII. Le Vert brun sera fait comme dessus, mais bruny davantage & puis gaudé.

LXIII. Le Citron jaune passe & plus doré sera teint avec gaude & fort peu de rancourt.

LXIV. L'Oranger Isabelle couvert, Isabelle pâle jusques au clair & aurore, sera teint avec fustel, rancourt & gaude.

LXV. Le rouge clair & plus brun, Ratine claire plus couverte, seront teints avec bresil de frenembour, & autre & rancourt.

LXVI. Le Violet roze seche, amarante claire ou brune, sera teint avec bresil, & rabattu avec la cuve d'inde ou indigo.

LXVII. Le Feüille morte claire & plus brune & la couleur d'olive, sera bruny avec galle & couperose, & rabbatu avec gaude, rancourt ou fustel suivant l'échantillon.

LXVIII. Le Minime brun & clair, musc, brun & clair, sera bruny avec galle & couperose, & rabatu avec gaude, rancourt ou fustel.

LXIX. Le gris blanc, gris salle, gris brun, de castor, de Breda & de toutes autres sortes de gris, seront brunis avec galle à l'épine & couperose & rabbattus avec gaude, fustel, bresil, campêche & autres ingrediens necessaires suivans les échantillons & le jugement de l'Ouvrier.

LXX. Le noir sera fait de galle à l'épine & couperose, lavé & achevé avec bois de campêche. Et pour d'autres noirs, ils seront coroyez avec bouë, huile d'olive & cendre gravelée, sans y employer de mauvaise huile.

LXXI. Ne pourront employer ausdites teintures autre savon que celuy de Gennes & d'Alican, ou de sembrable bonté & qualité.

LXXII. Ne pourront aussi mesler le fil de chanvre avec le fil de lin en bottes, pelotons, ny retorts en quelque maniere que ce soit.

LXXIII. Tous les fils de lin du Royaume, de Flandres, & autres Païs Estrangers, ne seront teints en bleu commun, mais seulement en cuve.

LXXIV. Lesdits Teinturiers ne feront imprimer de bidauct aucunes toiles neuves ou vieilles, ny fil de lin, chanvre & cotton, qu'elles n'ayent de bonnes galles, & ne seront lesdites toiles empesées ou collées pour calendrer, qu'elles ne soient bien & deuëment teintes.

LXXV. L'on ne bresillera aucuues toiles perces neuves ou vieilles, ny fil à marquer du linge, qu'elles ne soient teintes en bonne cuve, sans qu'elles puissent avoir pied d'autres teintures; ny l'on ne debitera aucunes toiles neuves pour bon teint, qu'elles ne soient teintes de cuve.

LXXVI. Lesdits Maistres Teinturiers ne pourront mettre des savons, huiles, graisses, & autres ingrediens infects, gras & defectueux aux demy-Estades, Estadines, Satins de Bruges, Estamines, Futaines, & autres Marchandises & Ouvrages qu'ils feront calendrer.

LXXVII. Toutes lesdites soyes, laines, fil & toiles, seront teintes en la maniere cy-devant exprimée, à peine de cinquante livres d'amende pour chacune contravention à l'égard des Articles où n'est fait mention de ladite peine.

LXXVIII. Pour connoistre avec certitude la bonne ou mauvaise teinture dudit fil, il sera teint des échantillons dudit fil, & usé pour ce regard comme pour les soyes & laines, suivant les cinquante-six & quatre-vingt Articles dudit present Reglement.

LXXIX. Ne pourront lesdits Marchands Maîtres Teinturiers en soye & estoffes de soye teindre en petit teint aucunes estoffes & ouvrages dépendans & appartenans aux Teinturiers du petit Teint, ny lesdits Teinturiers du petit teint teindre aucunes soyes ny estoffes de soyes, attendu que cela n'appartient qu'aux Teinturiers du bon teint, à peine de cent livres d'amende pour chacune contravention, & d'interdiction de leur exercice pour six mois.

LXXX. Pour avoir des modelles de toutes sortes de nuances en cramoisy, sur lesquels les épreuves auront esté faites, sera teint tous les deux ans aux frais de la Communauté desdits Marchands Maistres Teinturiers; & à la diligence des premiers Gardes ou Jurez qui seront en charge quinze jours aprés leur élection, en presence du Juge de Police des Manufactures, ou de celuy qui sera par luy commis à cet effet, & d'un Marchand Mercier & un Marchand Maistre Ouvrier en soye, qui seront nommez par ledit Juge de Police, & de quatre des plus anciens Maîtres Teinturiers, dont deux travaillans en soye, un en laine & l'autre en fil ; ſçavoir, la quantité de deux livres de ſoye, de ſeize ſortes de nuance en cramoiſy, quatre rouges, quatre écarlates, quatre violets, & quatre cannellez, & pareille quantité de laine de même ſorte de cramoiſy, pour eſtre leſdites deux livres de ſoye, & deux livres de laine ainſi teintes, partagées en trois portions également, & chacune d'icelles cachetée du ſceau & marque de la Communauté des Marchands Merciers, des Marchands Maiſtres Ouvriers en draps d'or, d'argent & ſoye, & deſdits Marchands Maiſtres Teinturiers ; & enſuite chacune portion miſe au bureau de chacune deſdites Communautez pour y ſervir d'échantillons, dans la verification des fauſſes ou veritables Teintures de cramoiſy. Et pour éviter encore les fraudes, & particulierement celles qui ſe pourroient faire par le mélange des Teintures de ſoye & de laine ; ne pourront les Maiſtres Teinturiers loger ou demeurer pluſieurs enſemble dans une même maiſon, ou tenir même boutique, s'ils ne travaillent de même travail, & de ſemblable teinture, à peine de cinq cens livres d'amende, & d'interdiction de la Maiſtriſe.

LXXXI. Et pour connoiſtre ſi les ſoyes auront eſté bien teintes en cramoiſy en conformité deſdits échantillons, & de la maniere preſcrite par le preſent Reglement, ou s'il y aura eſté contrevenu & mis de faux ingrediens, auſſi ſi leſdites ſoyes n'auront point eſté engallées ; & afin que les Juges qui en doivent connoiſtre ſoient parfaitement inſtruits de la verité, & ne puiſſent eſtre ſurpris, les ſoyes qui ſeront ſaiſies comme pretenduës de fauſſes teinture, ſeront déboüillies par les Gardes ou Jurez Teinturiers, en preſence de celuy ſur lequel la ſaiſie en aura eſté faite, ou luy deuëment appellé pardevant & en la preſence du Juge à qui la connoiſſance en appartiendra en cette

maniere; Sçavoir, le rouge cramoisy avec de l'alun du poids de la soye, l'écarlate cramoisie avec du savon approchant le poids de la soye, & le violet cramoisy avec de l'alun aussi pesant que la soye, ou bien du jus de citron environ une chopine mesure de Paris pour une livre de soye, plus ou moins à proportion, lesquels ingrediens seront mêlez & mis dans l'eau claire quand elle commencera à boüillir, & ensuite les soyes seront mises dans le même vaisseau. Et aprés que les unes & les autres desdites soyes auront boüilly environ un demy quart-d'heure, sera observé que si les teintures sont fausses, le boüillon de la soye rouge sera violet, pour marque qu'elle aura esté teinte avec de l'orseille; & s'il est fort rouge, c'en sera une qu'elle l'a esté avec du bresil; & si au contraire la teinture en est bonne, l'eau aura peu de changement. Pour l'écarlate cramoisy, s'il y a du rancourt, le boüillon deviendra comme couleur d'aurore; & s'il y a du bresil, il sera rouge: Quant au violet cramoisy, s'il y a bresil ou orseille, le boüillon deviendra de couleur tirant sur le rouge, & pour plus grande conviction des bonnes ou fausses Teintures, il sera mis dans le déboüilly des escheveaux de soye, des échantillons mis au bureau de ladite Communauté des mêmes nuances & couleurs que celles qui seront accusées de fausseté, afin que par la comparaison de l'une à l'autre on puisse certainement juger de la bonne ou mauvaise qualité desdites Teintures aprés ledit déboüilly.

LXXXII. Et pour connoistre encore si toutes les autres couleurs non cramoisies, appellées couleurs communes, auront esté engallées, la soye sera mise dans de l'eau claire boüillante avec savon ou cendre gravelée, environ la pesanteur de la soye; & le tout ayant boüilly un boüillon, sera ladite soye retirée du vaisseau où elle aura boüilly : & lors si elle est surchargée de galle, toute la couleur se perdra, & ne restera que la couleur que la galle luy aura donné, qui sera comme feüille-morte, ou couleur de bois. Ou bien ladite soye sera mise dans de l'eau boüillante avec demy-septier de jus de citron mesure de Paris; aprés quoy elle sera tirée & lavée dans de l'eau froide, puis passée dans la teinture noire; ensuite de quoy si ladite soye est engallée, elle deviendra noire, & n'étant pas engallée, elle deviendra couleur de tristamie ou pain bis. Et afin de connoistre si le noir est par trop engallé & surchargé de galle, limaille de fer, ou moullée de Taillandier, le déboüilly s'en fera dans de l'eau claire avec du savon pesant le double de la soye, & aprés avoir boüilly un boüillon, si elle a esté surchargée, elle deviendra rougeastre; & si elle ne l'a pas esté, elle conservera sa couleur.

LXXXIII. Nul ne se pourra ingerer, ny s'employer dans le negoce & art de la Teinture des soyes, laine, fil, & Estoffes en aucun lieu du Royaume, s'il n'est reçu Marchand Maistre Teinturier en soye ou laine, ou fil, & fait Chef-d'œuvre en la maniere dite cy-dessus, à peine de trois cens livres d'amende, & de confiscation des Marchandises. Et parce que la Teinture est un Art qui ne se peut apprendre que par un long temps & beaucoup d'experience, nul ne pourra à l'avenir estre reçu Maistre dudit Art de Teinturier du bon teint de soye, de laine & fil, en quelque lieu que ce soit, qu'aprés avoir esté Apprentif & Compagnon pendant six années, & fait Chef-d'œuvre en la maniere dite cy-aprés, si ce n'est les Compagnons forains qui le pourront estre au bout de quatre années; nonobstant tous Edits, Declarations, & Arrests à ce contraires.

LXXXIV. Seront tous les Maîtres Teinturiers

de ſoye, laine & fil tenus d'avoir en leurs maiſons ; boutiques, & ouvroirs chacun un cachet & marque, où d'un coſté ſera gravé le nom & armes de la Ville où ils demeurent, & de l'autre leur nom, pour eſtre ledit cachet & marque appliquez & imprimez ſur un plomb qui ſera attaché avec un fil ſur les bottes de ſoyes, laine ou fil, & au chef & reſte des Eſtoffes par eux teintes lors qu'ils les livreront : enſorte que ledit fil & plomb ne ſe puiſſe ſeparer & oſter du lieu où ils ſeront appliquez ſans une rupture viſible, afin de pouvoir connoiſtre par qui leſdites Eſtoffes, ſoye, laine & fil ſeront teintes, de la bonté deſquelles teintures ils demeureront garants & reſponſables : Et à cet effet chacun deſdits Maiſtres Teinturiers fourniront une empreinte de leurdite marque, tant au Bureau de leur Communauté, qu'en ceux des Marchands Merciers & Marchands Maiſtres Ouvriers en draps d'or, d'argent & de ſoye entre les mains des Maiſtres Gardes ou Jurez deſdites Communautez en charge, qui ſeront tenus d'en faire mention ſur leurs Regiſtres pour y avoir recours quand beſoin ſera : Ne pourront leſdits Teinturiers vendre ny livrer leſdites Etoffes, ny les ſoye, laine, & fil en bottes, & aucunes perſonnes les achetter ny recevoir ſans eſtre marquées comme dit eſt ; Ne pourra encore le Teinturier mettre autre marque que la ſienne, le tout à peine de cent livres d'amende pour chacune contravention, & de confiſcation deſdites Eſtoffes, de ſoye, laine & fil non marquez.

LXXXV. Seront tenus leſdits Maiſtres Teinturiers, ou leurs veuves, de tenir bon & fidel regiſtre de toutes les ſoyes, laines & fil, eſtoffes & Marchandiſes qu'ils teindront de quelques qualitez qu'elles ſoient pour y avoir recours quand beſoin ſera, leſquelles Eſtoffes, ſoye, laine & fil, ils montreront à ceux qui leur auront donnez pour teindre toutesfois & quantes qu'ils en seront requis, à peine de trente livres d'amende pour chacun refus; & ne pourront lesdits Maistres Teinturiers défaire ny diviser les pantines de soyes cruës ou teintes, ny les charger, humecter, huiller, ou engraisser en quelque maniere que ce soit; mais les rendront en la forme qu'ils les auront reçûës, à la reserve de la teinture bien seiche & bien conditionnée, même les rochets & bobines sur lesquelles elles seront devidées, lesquels rochets seront à cet effet marquez par le Maistre auquel lesdites soyes appartiendront, à peine de cinquante livres d'amende pour chacune contravention, & des dommages & interests de ceux qui les auront données à teindre.

LXXXVI. Pourront lesdits Marchands Maîtres Teinturiers en soye vendre tant en gros qu'en détail de toute sorte de soyes cruës ou teintes, fleuret, capiton, trames, & autres generalement quelconques, de quelques natures & qualitez que puissent estre lesdites soyes; & lesdits Teinturiers en laine pourront vendre des laines teintes; & pourront aussi les Teinturiers en fil, vendre du fil de lin, chanvre, cotton, fil à marquer, fil à sangle & retors blanc, & autres couleurs, & ruban de fil de toutes couleurs dont se servent les Tapissiers, & autres Marchandises qui leur ont esté permises par Arrest, ainsi qu'ils ont fait par le passé; Et pourront aussi avoir seuls en leurs maisons, boutiques, ouvroirs, & magasins des chaudieres ou fournaux scellez & à sceller, callandres, moulins, esparts, poteaux, chevilles, presses, & autres ustanciles generalement quelconques, necessaires à leurs Manufactures & Negoce, défenses à toutes autres d'en avoir; Et pourront aussi lesdits Teinuriers donner l'eauë & le lustre à toutes sortes d'Etoffes de ſoye neuves, ou aux vieilles teintes ou nonteintes, & joüiront leſdits Teinturiers de l'exemption du droit de haut-ban, & expoſeront leurs ouvrages en leurs étalages, boutiques & magaſins, ſans aucun trouble ny empêchement, ainſi que par le paſſé.

LXXXVII. Pourront leſdits Teinturiers de ſoye, laine & fil, faire attacher à leurs maiſons des perches pour tendre ſur ruë leſdites ſoye, laine & fil, Etoffes & autres Ouvrages qu'ils auront teints, leſquelles perches ne pourront paſſer la moitié de la ruë, & leſdites Etoffes & Ouvrages deſcendre qu'à trois toiſes prés de terre, ſuivant l'ancien uſage.

LXXXVIII. Leſdits Marchands Teinturiers en ſoye, laine & fil, n'auront en leurs boutiques, ouvroirs & magaſins, autres poids pour peſer leurs Marchandiſes, & d'aulnes pour les aulner que celles qui ſeront juſtes & ordinaires à tous les Marchands du même lieu de leur demeure, & qui ne ſoient eſtallonnées & marquées de la marque dudit lieu, à peine de trois cens livres d'amende, & d'interdiction de leur exercice.

LXXXIX. Si les ſoyes, laines, fil & Marchandiſes teintes venoient à eſtre ſaiſies & venduës ſur ceux qui les auront fait teindre, les Marchands Maiſtres Teinturiers ſeront payez par preference à leurs creanciers, ſur les deniers en provenans des ſommes qui leur ſeront dûës pour leſdites teintures des deux dernieres années ſeulement, pourvû que les parties en ſoient arreſtées, attendu que c'eſt œuvre de main, & que leſdites Teintures augmentent le prix deſdites Marchandiſes; & pour le ſurplus de leur dû y viendront par contribution.

XC. Le temps des Apprentifs Teinturiers en ſoye, laine & fil ſera de quatre années, & aucun Maiſtre ne pourra prendre des Apprentifs pour moindre tems; le Brevet sera passé pardevant Notaire, & enregistré sur le Registre du Greffier de la Police & sur celuy de la Communauté quinze jours aprés la passation dudit Brevet, & demeureront lesdits Apprentifs actuellement au service de leurs Maistres, à peine de nullité s'il n'y a cause legitime pour les en dispenser. Aucun Maistre ne pourra prendre plus de deux Apprentifs, dont le second ne se pourra obliger qu'aprés l'expiration des deux années du premier. Huit jours aprés la fin de l'apprentissage, le Maistre fera faire une expérience de Teinture à son Apprentif en presence des Maistres & Jurez en charge, & luy donnera certificat en bonne forme aprés ladite experience faite, sauf à se pourvoir pour ce qui luy pourra estre dû à cause dudit apprentissage, puis sera ledit Apprentif enregistré au Livre des Compagnons, & pour ce payera trente sols aux Maistres Jurez en charge : Ne pourront lesdits Maistres obliger autres Apprentifs qu'ils n'ayent fait faire lesdites experiences à ceux qui auront fait leur tems, à peine de vingt-quatre livres d'amende, ny ne pourront aussi lesdits Apprentifs s'absenter de la maison & service de leurs Maistres sans cause legitime, & jugée telle par le Juge de Police ; permis ausdits Maistres de les faire arrester par tout où ils se trouveront pour leur faire achever leur temps, sinon un mois aprés les avoir fait sommer à leur personne ou domicile, ils pourront les faire rayer du Livre de la Communauté, & en prendre d'autres en leur lieu, sans que lesdits Apprentifs qui auront quitté le service puissent se prévaloir du temps qui se sera écoulé pendant leur absence & premier apprentissage, sauf ausdits Apprentifs à s'obliger de nouveau à un autre Maistre pour le mesme temps de quatre années ; aprés lesquelles ils ne pourront estre admis à la Maistrise qu'ils n'ayent servy les Maistres le même temps de deux années en qualité de Compagnon. Les Compagnons forains serviront les Maistres quatre années : Ne pourra le Maistre congedier son Apprentif sans cause legitime, jugée telle par l'Officier de Police, ny en prendre un autre s'estant absenté, que le mois cy-dessus dit ne soit expiré, ny composer avec son Apprentif pour le temps qu'il auroit perdu par absence ou autrement, à peine de trente livres d'amende. Et arrivant qu'aucun desdits Maistres vint à s'absenter de la Ville sa demeure, ou cesser son travail, lesdits Maistres Jurez aprés avoir pris connoissance de la chose pourvoiront d'un autre Maistre audit Apprentif un mois aprés. Et ne pourront lesdits Maîtres débaucher ny attirer chez eux l'Apprentif ou Compagnon d'un autre Maistre, ny luy donner de l'employ directement ou indirectement, à peine de soixante livres d'amende.

XCI. Si un Apprentif ou Compagnon sont atteints ou convaincus d'avoir vollé leurs Maistres, ils seront pour jamais exclus de parvenir à la Maistrise, & leurs condamnations seront transcrites sur le Registre de la Communauté pour y avoir recours quand besoin sera ; Et ne pourront les Compagnons & Apprentifs teindre ny reteindre pour eux & à leur profit, en leurs maisons, dans les boutiques, ny ailleurs, à peine de punition exemplaire : Et si un Maistre veut donner congé à un Compagnon, il sera tenu de l'avertir par écrit un mois auparavant ; & si ledit Compagnon veut sortir, fera même avertissement. Toutesfois en cas d'insuffisance dudit Compagnon, pourra le Maistre le mettre dehors huitaine aprés l'en avoir averty ; auquel cas que ledit Maistre donnera congé audit Compagnon, ou autres de ses

Ouvriers ; Ledit Maiſtre ne pourra contraindre le nouveau Maiſtre ſous lequel ſon Ouvrier ira travailler, de luy payer ſur ce qui luy ſera dû que la huitiéme partie du ſallaire du travail dudit Compagnon ou Ouvrier ; & au contraire, ſi ledit Compagnon & Ouvrier quitte ſon Maiſtre en luy donnant congé, ſera le nouveau Maiſtre tenu de payer comptant à ſon dernier Maiſtre tout ce qui luy ſera dû par ledit Ouvrier & Compagnon, avant que de pouvoir employer ledit Compagnon, à peine de quarante-huit livres pariſis d'amende. Et ſi ledit Compagnon eſt obligé à gages auditMaiſtre par Acte paſſé pardevant Notaire, ledit Acte ſera executé pour tout le temps porté par iceluy ſans que ledit Compagnon ſe puiſſe prévaloir du contenu cy-deſſus.

XCII. Le temps d'apprentiſſage & de Compagnon en la maniere dite cy-deſſus eſtant expiré, l'Aſpirant qui voudra eſtre reçu Maiſtre dudit Art fera chef-d'œuvre en preſence des Maiſtres Jurez en charge, & de ſix anciens qui auront paſſé par les Charges, & de trois modernes, lequel chef-d'œuvre ſera fait & composé par ledit Aſpirant ; Sçavoir, d'aſſeoir une cuve d'inde ou fleurée, la bien uſer & tirer juſques à ce que ledit Chef-d'œuvre ſoit entierement accomply ; ce qui ſe fera pendant cinq ou ſix jours au plus, & eſtant vû, viſité & reconnu bon par les Jurez en charge, & les ſix anciens Maiſtres, l'Aſpirant ſera reçu à la Maiſtriſe à la pluralité des voix, & payera les droits accoûtumez, ainſi qu'ils ſeront reglez par le Juge de la Police ſans en pouvoir recevoir davantage, à peine de cent livres d'amende, puis preſtera le ſerment pardevant ledit Juge de Police, qui délivrera ſa Lettre de reception à la Maiſtriſe, ſans faire aucun feſtin devant, pendant ny aprés ledit Chef-d'œuvre & reception, à peine contre ledit Aſpirant de suspension à la Maistrise pour un an, & de cinquante livres d'amende contre chacun des Maîtres qui auront accepté ledit festin, dont sera délivré executoire par le Juge de Police, aprés la preuve sommaire qu'il sera tenu d'en faire; & s'il arrivoit contestation pour la reception de Chef-d'œuvre, il sera vû & visité par ledit Juge de Police, ou autre par luy commis à cet effet.

XCIII. Les fils de Maistres seront reçus à ladite Maistrise faisant une experience de Teinture pendant deux jours en presence des Gardes ou Jurez en charge, & de quatre Anciens qui auront passé par les charges, & aprés avoir satisfait aux droits portez par le Reglement du Juge de Police, ils presteront le serment, & leur seront leurs Lettres délivrées; Pourront les Veuves des Maistres continuer leur Negoce & Art de la teinture, tout ainsi que pouvoient faire leurs deffunts maris, sans pouvoir neanmoins faire aucuns Apprentifs; mais seulement faire achever en leurs maisons ceux passez & commencez par leurs deffunts maris; Et en cas que lesdites Veuves quittassent ledit Commerce & Art, elles seront tenuës de remettre les Brevets & Apprentifs entre les mains des Maistres Jurez en charges pour leur estre pourvû d'un autre Maistre, & achever de servir les Maistres le temps porté par lesdits Brevets.

XCIV. Aucuns desdits Maistres & leurs Veuves ne pourront occuper plus d'une boutique, maison ny ouvroir de Teinture, & pourront mettre au devant desdites boutiques tel tapis qu'ils jugeront necessaires, & autres choses dépendantes dudit Art, sans prester leurs noms à qui que ce soit, sous pretexte de parenté ny autrement, à peine de cent livres d'amende, & seront exempts du droit de haut ban.

XCV. Les Maistres Gardes ou Jurez en charge s'assembleront au Bureau de leur Communauté une fois la semaine, & plus souvent s'il est necessaire, pour conferer des affaires d'icelles, oüir les plaintes & dénonciations qui leur seront faites par les Maîtres, Veuves de Maistres, Compagnons ou Apprentifs dudit estat touchant le fait d'iceluy, pour estre reglez par lesdits Jurez en charge à l'amiable, s'il leur est possible. Et au cas qu'il arrive quelques affaires de consequence concernant ledit Corps & Communauté, lesdits Gardes & Jurez en charge assembleront les Maistres qui auront passé par les charges les deux dernieres années, & six autres au moins, des plus notables ausquels ils proposeront lesdites affaires, & les résoudront à la pluralité des voix; & ce qui sera ainsi fait sera executé par tous les autres Maistres & transcrit sur ledit Registre de la Communauté, sur lequel le present Reglement sera aussi transcrit avec la liste de tous les Maistres dudit Art, à chacun desquels lesdits Maistres & Jurez en charge seront tenus de délivrer une copie dudit present Reglement une fois seulement aux frais & dépens de la Communauté, de laquelle copie lesdits Maistres seront tenus de signer la reception sur ledit Registre portant leur submission de l'executer, à peine de trente livres d'amende contre ceux qui seront réfusans de le faire, même d'interdiction de la Maistrise jusques à ce qu'ils y ayent satisfait.

XCVI. Et pour observer un ordre dans la direction des affaires de ladite Communauté des Marchands & Maistres Teinturiers, les Papiers, Titres & Contrats d'icelle seront mis par inventaire en un coffre fermant à deux clefs qui sera dans la chambre de ladite Communauté, dont l'une sera entre les mains de l'un des Gardes ou Jurez Teinturiers en Soye,

Soye, & l'autre entre les mains de l'un des Gardes ou Jurez Teinturiers en Laine pour la premiere année, & la seconde aux Jurez Teinturiers en Fil alternativement entre lesdits Teinturiers en Laine & Fil seulement, & perpetuellement en celle du Juré Teinturier en Soye; lesquels gardiens desdites clefs seront tenus de se trouver en la chambre de la Communauté pour l'ouverture dudit coffre toutesfois & quantes, & celuy, auquel on délivrera des Papiers estans dans iceluy & concernans ladite Communauté en donnera son recepiscé, qui contiendra les causes pourquoy on les aura donnez.

XCVII. Toutes les amendes & confiscations adjugées pour les contraventions aux presens Statuts & Reglemens, & en consequence d'iceux, seront applicables; Sçavoir, moitié à Sa Majesté, un quart aux Jurez qui en auront fait faire la saisie, & l'autre quart aux pauvres du lieu où les Jugemens seront rendus.

XCVIII. Afin de connoistre si les Gardes ou Jurez Teinturiers en Soye, Laine & Fil se seront bien & deuëment acquitez du devoir de leur commission, dans les Villes où il y a & aura cy-aprés Corps & Communauté de Marchands Maîtres Teinturiers en Soye, Laine & Fil, les Officiers qui auront droit de connoistre des Manufactures feront assembler pardevant eux aux lieux ordinaires & accoustumez pour les assemblées, au mois de Janvier de chacune année, un Marchand Mercier, & un Marchand Maistre Ouvrier en Soye, & les Gardes ou Jurez Teinturiers en charge, avec ceux qui seront sortis de charge l'année precedente, & six autres personnes de l'une & l'autre Communauté tels qu'ils les voudront choisir, avec deux notables Bourgeois, afin que lesdits Marchands &

Teinturiers en charge informent l'assemblée de l'estat auquel seront lesdits Teinturiers, de leur progrés, des moyens qu'ils jugeront les plus propres pour leur perfection ; & de l'execution ou des contraventions aux presens Statuts & Reglemens qu'ils auront remarquez. Comme aussi des remedes qu'ils jugeront necessaires pour estre sur le tout par ladite assemblée donné son avis ; ce fait en dresser procés verbal, & ordonner par lesdits Juges de Police des Manufactures ce qu'il appartiendra par raison, dont sera fait mention sur les Registres des Communautez desdits Marchands Merciers, Marchands Ouvriers en Soye, & des Marchands Maistre Teinturiers en Soye, Laine & Fil, & du tout lesdits Officiers de Police des Manufactures envoyeront une Expedition au sur-Intendant des Arts & Manufactures de France un mois aprés lesdites Assemblées, le tout gratuitement & sans frais.

EXTRAIT DES REGISTRES du Conseil d'Estat.

LE Roy ayant esté informé par les Marchands Maistres Ouvriers en Draps d'or, d'argent & de soye de ses Villes de Paris, Lyon & Tours, que la défectuosité des Teintures de soyes & laines qu'ils employent ausdites Manufactures, & autres Estoffes est si grande, qu'il leur est tout à fait impossible de les faire dans leur perfection, à cause que leurs Teintures n'y sont pas moins necessaires pour leur beauté & bon usage que leur propre fabrique, à quoy il est tres important de remedier : Ce qui semble ne se pouvoir mieux faire qu'en approuvant par Sa Majesté le projet de Statut & Reglement general des Teintures de toutes les ſoyes, laine & fil de ſon Royaume, qui ſont employées tant auſdites Manufactures qu'aux tapiſſeries & autres ouvrages qui luy a eſté preſenté, & faiſant ſur iceluy expedier par Sa Majeſté ſes Lettres Patentes pour le faire regiſtrer dans ſes Cours de Parlement, obſerver & executer dans toute l'étenduë de ſon Royaume : A quoy Sa Majeſté voulant pourvoir, & ne rien obmettre de ce qui peut perfectionner leſdites Manufactures, & en augmenter le commerce dedans & dehors ſon Royaume: SA MAJESTE' EN SON CONSEIL ROYAL de Commerce, a renvoyé & renvoye ledit projet de Statuts & Reglemens general au Lieutenant du Prevoſt de Paris pour la Police, & au Procureur de Sa Majeſté au Chaſtelet, pour y donner leurs avis, & iceux vûs & rapportez eſtre pourvû ainſi qu'il appartiendra par raiſon. FAIT au Conſeil d'Etat du Roy, tenu à S. Germain en Laye, le vingt-deuxiéme jour de Juillet mil ſix cens ſoixante-neuf. Signé, BERRYER.

Avis des Officiers de Police.

VEu par Nous Gabriël-Nicolas de la Reynie, Conſeiller du Roy en ſes Conſeils d'Etat & Privé, Maiſtre des Requeſtes ordinaire de ſon Hoſtel, & Lieutenant de Police de la Ville, Prevoſté & Vicomté de Paris: Et Armand Jean de Riants auſſi Conſeiller du Roy en ſes Conſeils, & ſon Procureur du Roy au Châtelet de Paris, les Articles cy-deſſus tranſcrits au nombre de quatre-vingt-dix-huit, preſentez à Sa Majeſté par les Marchands Maîtres Ouvriers en Draps d'or, d'argent & ſoye de cette ville de Paris, Lyon & Tours, à ce qu'il luy plût les approuver, & faire expedier sur iceux ses Lettres Patentes en forme de Statuts, Ordonnances & Reglemens pour les Teintures des soyes, laine & fil : L'Arrest du Conseil du vingt-deuxiéme Juillet dernier, par lequel le Roy en son Conseil Royal de Commerce nous a renvoyez lesdits Articles, pour sur iceux donner nostre avis : La Requeste à nous presentée par ledit Procureur du Roy, par laquelle il nous auroit requis avant que donner nostre avis, que les Maistres & Gardes des Marchands Maistres Ouvriers en Draps d'or, d'argent & de soye, & les Jurez des Marchands Maistres Teinturiers en soye, laine & fil de ladite ville de Paris fussent oüis en sa presence sur lesdits Articles, & aprés avoir entendu les uns & les autres sur iceux.

Nostre avis est sous le bon plaisir de Sa Majesté, que lesdits Articles sont necessaires pour le restablissement & perfection des Teintures des Draps & autres Etoffes & Ouvrages de Soyes, tant pour l'usage & consommation qui s'en fait dans le Royaume, que pour en augmenter le commerce dans les Païs Estrangers. FAIT à Paris le deuxiéme Aoust 1669, Signé, DE LA REYNIE, & DE RIANTS.

LETTRES PATENTES APPROBATIVES desdits Reglemens & Statuts.

LOUIS par la grace de Dieu Roy de France & de Navarre : A tous presens & à venir; SALUT. Les Marchands Maistres Ouvriers en Draps d'or, d'argent & de soyes, Nous ont representé que la perfection des teintures des soyes qu'ils employent ausdites Manufactures, & autres Etoffes & Ouvrages des Soyes est si importante, que sans cela il leur eſt impoſſible de les faire d'une parfaite beauté & bon uſage, ny d'en augmenter le debit, tant en France, que dans les païs Eſtrangers : C'eſt pourquoy il eſt tres neceſſaire de remedier promptement aux abus qui ſe commettent auſdites Teintures; Comme auſſi aux Teintures des laines qu'ils employent en quelques-unes deſdites Manufactures, conformément aux Articles en forme de Statuts, Ordonnances & Reglement general pour toutes leſdites Teintures qu'ils en ont dreſſez, leſquels ils Nous auroient preſentez, & ſuppliez tres-humblement les vouloir approuver, & ſur iceux faire expedier nos Lettres à ce neceſſaires. A CES CAUSES, de l'avis de noſtre Conſeil de Commerce, qui a vû & examiné leſdits Articles au nombre de quatre vingt-dix-huit, l'Arreſt de noſtredit Conſeil du vingt-deuxiéme Juillet dernier, portant renvoy d'iceux au Lieutenant de Police, & à noſtre Procureur au Chaſtelet de Paris pour y donner leur avis : ledit avis eſtant au bas deſdits Articles du deuxiéme du preſent mois d'Aouſt *1669*, le tout cy-attaché ſous le contre-ſcel de noſtre Chancellerie : Nous avons par ces Preſentes ſignées de noſtre main, & de nôtre grace ſpeciale, pleine puiſſance & autorité Royale, approuvé & confirmé, approuvons & confirmons leſdits Articles de Statuts, Ordonnances & Reglemens pour les Teintures des Soyes, Laine & Fil. Voulons que dans toute l'étenduë de noſtre Royaume, Terres & Seigneuries de noſtre obeïſſance, ils ſoient gardez, obſervez & executez de point en point, ſelon leur forme & teneur. SI DONNONS EN MANDEMENT, à nos amez & feaux Conſeillers, les Gens tenans noſtre Cour de Parlement de Paris, que ces Preſentes, & leſdits Articles de Statuts, Ordonnances & Reglemens ils faſſent lire, publier, registrer, garder & observer; sans contrevenir, ny souffrir qu'il y soit contrevenu, nonobstant toutes choses à ce contraires, ausquelles nous avons dérogé & dérogeons. Et parce que des Presentes & desdits Statuts & Reglemens l'on pourroit avoir affaire en plusieurs lieux: Voulons qu'aux copies collationnées d'iceux par l'un de nos amez & feaux Conseillers & Secretaires, foy soit ajoûtée comme aux originaux: CAR tel est nostre plaisir. Et afin que ce soit chose ferme & stable à toûjours, Nous avons fait mettre nostre Scel à cesdites Presentes. DONNE' à saint Germain en Laye au mois d'Aoust, l'an de grace mil six cens soixante-neuf, & de nôtre Regne le vingt-septiéme. Signé, LOUIS. Et sur le reply, Par le Roy, COLBERT. Et scellé du grand Sceau de cire verte en lacs de soye rouge & verte. Et à costé *Visa*, SEGUIER.

Pour servir aux Lettres Patentes en forme d'Edit, portant approbation de divers Reglemens & Statuts sur les Teintutres des Soyes, Laines & Fil.

Lû, publié, registré, ouy, & ce requerant le Procureur General du Roy, pour estre executé selon sa forme & teneur. A Paris en Parlement, le Roy y seant en son Lit de Justice, le treiziéme jour d'Aoust mil six cens soixante-neuf.

Signé, DU TILLET.

INSTRUCTION GENERALE

DONNE'E PAR L'ORDRE EXPRE'S du Roy par Monsieur Colbert, Conseiller de Sa Majesté en tous ses Conseils, Surintendant de ses Bastimens, Arts & Manufactures de France, aux Commis envoyez dans toutes les Provinces du Royaume, pour l'execution des Reglemens generaux des Manufactures & Teintures, registrez en presence de Sa Majesté au Parlement de Paris le 13. Aoust 1669.

LE Roy ayant desiré remedier aux abus qui se commettent en la fabrique & teintures des Manufactures de France, par un bon ordre qui les porte dans leur plus grande perfection ; Sa Majesté auroit eû la bonté d'en faire dresser des Reglemens generaux, & de les faire registrer en sa presence en son Parlement de Paris le 13. Aoust 1669. Mais comme leur observation doit faire l'accomplissement de ce grand Ouvrage, Sa Majesté a résolu d'envoyer des Commis dans toutes les Provinces de son Royaume, pour y tenir exactement la main, & informer les Juges de Police des Manufactures, les Marchands & les Ouvriers, de ses volontez sur l'execution desdits Reglemens, afin que tous ceux ausquels elle sera commise, s'y conforment, & n'ayent aucun prétexte, pour excuser les contraventions, ou le retardement qu'ils pourroient y apporter. C'est pourquoy de l'ordre exprés de Sa Majesté, nous aurions dressé la presente Instruction en la maniere qui ensuit.

INSTRUCTION DONNE'E PAR NOUS Jean-Baptiste Colbert, Conseiller ordinaire du Roy en tous ses Conseils, Surintendant des Bastimens, Arts & Manufactures de France, à par nous Commis pour faire observer & executer dans la Province les Reglemens generaux des Manufactures, registrez au Parlement de Paris, Sa Majesté presente, le 13. Aoust 1669.

I. LEdit Commis se rendra incessamment auprés de Monsieur , Maistre des Requestes, Commissaire départy par Sa Majesté pour l'execution de ses ordres en la Generalité de pour luy délivrer la Lettre que nous luy écrivons, afin de l'informer de cette Instruction, & recevoir ses ordres; aux Eschevins & Officiers des lieux où les Manufactures sont établies pour l'entiere & parfaite execution desdits Reglemens & presente instruction.

II. Ledit Commis ayant reçû les ordres dudit sieur Intendant, se transportera incessamment dans la Ville la plus proche, & où il se fait le plus de Manufactures, pour en toute diligence voir les Maire & Eschevins, & le Juge ordinaire, si tant est que ledit Juge ait quelque fonction pour les Manufactures; & aprés leur avoir delivré les Lettres du Sieur Intendant, il sçaura d'eux si les Reglemens pour les Manufactures, & pour la Jurisdiction d'icelles, ont esté registrez & publiez au Greffe de l'Hostel de Ville, & en celuy de la Justice ordinaire; & s'ils ne l'ont esté, le fera faire le lendemain, & en retirera les Actes & Procés verbaux.

III. Et afin que ledit Commis soit pleinement informé à quelles personnes il doit s'adresser, il observera que suivant la disposition du Reglement pour la Jurisdiction desdites Manufactures, & les intentions de Sa Majesté, les Maire & Eschevins, ou autres faisans pareille fonction dans les Hostels de Villes, lesquels avant lesdits Reglemens connoissoient seuls des differens concernans lesdites Manufactures, continuëront de le faire à l'avenir comme par le passé, dautant qu'à leur égard ledit Reglement n'est qu'une confirmation de leur Jurisdiction. Mais si avant ledit Reglement les Juges ordinaires avoient ladite Jurisdiction, lesdits Maire & Eschevins, ou autres ayans mesme fonction, en consequence de l'attribution qui leur a esté faite par ledit Reglement du 13. Aoust 1669. connoistront des differens entre les Marchands & les Ouvriers pour raison des matieres, fabriques, teinture, blanchissage, marque & valeur des ouvrages, peines & salaires des Ouvriers, contravention ausdits Reglemens, & comptes des Gardes & Jurez; le tout sommairement, gratuitement, & sans frais; & quant aux Juges ordinaires des Villes & lieux où il y aura des Maires & Eschevins, ou autres faisans pareille fonction, ils ne pourront à present connoistre que des assemblées pour l'élection des Gardes & Jurez, prestation de serment d'iceux, examen du chef-d'œuvre, reception des Maîtres & des affaires Criminelles; toutefois s'il n'y a point d'Eschevins ou autres personnes faisant pareille fonction dans ledit Hostel de Ville, lesdits Juges ordinaires doivent connoistre à l'avenir, ainsi qu'ils faisoient par le passé, de toute la police des Manufactures; & pour les Maire & Eschevins, ou Conseillers de Ville qui doivent composer le nombre des Juges des Manufactures, ledit Commis se conformera aux deux Arrests du Conseil rendus pour ce sujet le 6. Janvier, & Avril 1670.

IV. Ledit Commis sçaura s'il y a Maistrise aux lieux où les Manufactures sont établies, & si les Maistres ont fait inscrire leurs noms sur le Registre du Greffe de l'Hostel de Ville, & sur celuy du Juge ordinaire, & de la Communauté du Corps du métier; sinon le faire faire, sçavoir gratis à l'Hostel de Ville, & aux Maistres de la Communauté, & quinze sols au Juge ordinaire, & cinq sols à son Greffier pour chacun Acte; & s'il en estoit payé davantage, il le fera rendre, & jusques à ladite inscription de noms, il fera interdire les Maistres de leur travail, & empêchera qu'autres que ceux qui seront inscrits sur lesdits Registres, & auront ledit Acte d'inscription puissent travailler comme Maistres, afin de composer par ce moyen un Corps & Communauté de personnes capables, & fermer la porte aux ignorans.

V. Le mesme ordre sera observé aux lieux où il n'y a point de Maistrise, en se faisant inscrire sur le Registre du Juge de Police du lieu de leur demeure; & s'il n'y a point de Gardes ou Jurez, il faudra promptement faire assembler les Maistres, & en faire élire le nombre que le requerrera le travail. Et pour cet effet, le Juge ordonnera ladite assemblée, & enjoindra aux Maistres de s'y trouver, à peine de vingt sols d'amende contre les défaillans; & s'ils estoient refusans de nommer lesdits Jurez, le Juge en nommera d'Office, & ordonnera qu'ils exerceront dans trois jours, à peine de trente livres d'amende, & plus grande s'il y échet : au payement de toutes lesquelles amendes, il faudra faire contraindre les condamnez promptement, parce que les exemples de desobéïssance sont de conséquence.

VI. La fonction des Gardes & Jurez ne sera limitée, à moins d'une année, à cause que le temps les rend plus capables; & si l'on voit que la charge de cette commission soit par trop incommode, la prudence du Juge les peut soulager, en ordonnant que moitié des Jurez exercera une semaine, & l'autre moitié la semaine suivante, & ainsi successivement & alternativement.

VII. En toutes choses il faut bien remarquer la fonction des Eschevins, afin de s'adresser à eux pour ce qui la concerne, & celle du Juge ordinaire, pour pourvoir aussi pardevant luy; car la méprise des Juges causeroit beaucoup de désordres, vû les jalousies qu'ils ont les uns contre les autres.

VIII. Pour apporter un bon ordre en chaque Communauté des Ouvriers des Manufactures, il est necessaire qu'ils ayent un Registre paraphé par un Eschevin; s'il n'y en a point, par le Juge ordinaire de la Police, dans lequel seront premierement transcrits les Reglemens generaux des Manufactures, & les Brefs & Statuts particuliers du lieu s'ils en ont; & ensuite la liste des noms & surnoms de tous les Maîtres du métier, les Brevets des Apprentifs, les Assemblées & déliberations des Gardes & Jurez en Charge concernant les affaires de ladite Communauté, & generalement tous les Actes qui la regardent, lequel Registre doit demeurer en la chambre de ladite Communauté, à la garde de l'ancien Garde ou Juré qui le remettra à celuy qui luy succedera.

IX. Il sera étably une Chambre de Communauté dans l'Hostel de Ville, s'il y en a, sinon au lieu le plus commode pour y faire les assemblées necessaires aux affaires de la Communauté ; & pour y voir, visiter & marquer par les Jurez en charge, les marchandises qui y seront apportées à jours & heures certaines, par les Ouvriers & Façonniers ; regler sur le champ les differens qui pourroient naistre, à cause des défectuositez desdites Manufactures ; tenir les Jurez dans leur devoir, & imprimer la crainte dans l'esprit des Ouvriers & Façonniers. Il seroit à propos que l'un des Eschevins des Villes où il se fait beaucoup de Manufactures fust present ausdites visites & marques dans ladite Chambre de la Communauté deux fois la semaine pendant un mois, lequel passé, un autre Eschevin seroit mis en sa place, & ainsi successivement les uns aprés les autres. Et comme les Marchands ont une particuliere connoissance de la bonté ou du défaut des marchandises, & qu'il est de leur interest qu'elles soient parfaites, il seroit aussi bien necessaire que lesdits sieurs Eschevins fissent élection d'un des plus notables Marchands pour assister ausdites visites & marques deux fois la semaine, pendant trois mois seulement, & iceux passez, en élire un autre, lequel Marchand s'appliquera exactement à visiter les étoffes des Jurez en charge, parce que marquant eux-mesmes leurs marchandises, il est en leur pouvoir d'abuser de leur commission.

X. S'informer si les Reglemens generaux des Manufactures ont esté distribuez par les Gardes & Jurez en charge à chacun Maistre de leur Communauté & aux Marchands ; & si cela n'a pas esté fait, obliger lesdits Gardes & Jurez de les faire promptement imprimer & distribuer à tous les Maistres de leur Communauté, dont les noms seront transcrits sur ledit Registre d'icelle, qui en signeront l'acceptation sur ledit registre, en ces termes : *Les Maistres soussignez ont reçû chacun une copie du Reglement general pour les Manufactures, registré au Parlement de Paris en la presence du Roy le 13. Aoust 1669. & autres Parlemens, auquel nous promettons de satisfaire sur les peines y contenuës. Fait le jour de* Ladite impression & distribution se doit faire aux frais de la Communauté.

XI. Ledit Commis fera assembler les Jurez & tous les Maistres dans la Chambre de la Communauté, & leur fera la lecture dudit Reglement, expliquera sur chacun article ce qu'ils doivent faire pour le bien executer, & leur fera connoistre que s'ils y contreviennent, il s'ensuivra infailliblement leur ruine, parce que leurs étoffes seront confisquées, & les lizieres déchirées publiquement. Ce qu'ils ne sçauroient éviter ; car non seulement leurs marchandises seront visitées par les Jurez du lieu, mais encore par les Gardes des Marchands des Villes & des Foires où elles seront portées pour estre venduës & debitées, l'ordre en estant donné dans toutes les Villes du Royaume, & y ayant des Commis par Nous envoyez dans toutes les Provinces pour y tenir la main ; & ainsi la seule ressource desdits Ouvriers est de bien travailler. Ce que faisant, leurs marchandises seront plus dans le commerce que par le passé, dautant qu'il en viendra moins des païs étrangers. Ne pas omettre de leur representer sur cela que les étoffes de mesme nom, espece & qualité doivent estre uniformes dans tout le Royaume pour leur longueur, largeur & force, & que les Ouvriers d'un lieu n'auront point d'avantage indirect sur ceux d'un autre en la debite de leurs marchandises, mais seulement celuy de la mieux faire.

XII. Il doit y avoir deux marques differentes en

chaque Ville ou Bourg où il se fait des Manufactures entre les mains des Gardes, Jurez ou Esgards de chacune Communauté, l'une pour la marque des marchandises anciennes non conformes au Reglement, & l'autre pour la marque des marchandises qui seront conformes audit Reglement, autour desquelles sera inscrit le nom du lieu de leur fabrique; & n'en pourront estre marquées les étoffes d'un autre lieu, a peine de punition.

XIII. Toutes les étoffes non conformes audit Reglement ont dû estre marquées comme anciennes, tant celles des Marchands que des Façonniers, afin de leur donner le debit sans peine de confiscation; cessant laquelle marque elles seroient confiscables. Et comme il est à craindre que l'on ne fasse servir ladite marque ausdites étoffes nouvelles pour excuser les défauts de leur largeur & qualité, ledit Commis fera representer ladite marque par les Gardes ou Jurez en charge devant les Eschevins; & s'il n'y en a point, pardevant le Juge ordinaire de la Police, pour estre icelle empreinte sur le Registre de la Police, & sur celuy de la Communauté du métier, afin d'y avoir recours si besoin est, & ensuite être rompuë & mise en pieces, dont sera dressé Procés verbal signé du Juge, des Gardes & Jurez, & dudit Commis qui en retirera une expedition. Sur quoy sera observé que s'il y avoit quelques lieux où il y eût des causes legitimes qui eussent empêché de marquer les marchandises anciennes, & mesme qu'il n'eust esté fait de marques, neanmoins que les Façonniers & les Marchands eussent encore desdites marchandises anciennes, défectueuses & non marquées, dont la confiscation causeroit leur ruine; & en cas qu'ils se soient mis en devoir actuel de reformer leurs mestiers, & qu'ils travaillent presentement en conformité dudit

Reglément, il faudra leur donner une quinzaine pour faire faire ladite marque, & marquer lesdites marchandises non conformes audit Reglement : ce fait, la faire rompre, comme il est dit cy-dessus, sans differer davantage ; & si aprés cela il se trouve des marchandises défectueuses & non marquées de ladite marque, les faire confisquer sans aucune grace.

XIV. Ledit Commis observera que les marchandises nouvellement faites, & qui se feront cy-aprés, ne pourront estre exposées en vente que le nom de l'Ouvrier ne soit mis au chef de la piece fait sur le mestier, & non à l'aiguille, & qu'elles ne soient marquées de la nouvelle marque par les Jurez, à peine de confiscation, quand mesme elles seroient conformes audit Reglement ; & si aprés ladite marque apposée elles sont jugées défectueuses, & confisquées sur une seconde visite qui en seroit faite, en ce cas la peine de la confiscation tombera sur le Juré qui l'aura mal marquée, sans aucune repetition contre l'Ouvrier & Façonnier, la présomption estant qu'il l'a fait malicieusement & en fraude.

XV. Les Jurez feront promptement une visite generale de tous les mestiers, pour voir s'ils sont reformez convenablement aux largeurs portées par les Reglemens ; & s'ils ne l'ont pas esté, en feront un estat, & feront ordonner par les Eschevins ; & s'il n'y en a point, par le Juge ordinaire de la Police, que dans quinzaine pour tout delay lesdits mestiers seront réformez, à peine de vingt sols d'amende pour chaque mestier non reformé ; au payement de laquelle, ledit temps passé, ils seront contraints suivant le certificat des Jurez en charge, qui à cet effet feront une seconde visite desdits mestiers aprés l'expiration de la quinzaine. Il seroit bien necessaire que l'Officier qui aura rendu l'Ordonnance, & ledit Commis, ou l'un des deux fussent presens à la derniere visite, parce que ladite réformation est de notable consequence, pour arrester le cours de l'abus des marchandises étroites.

XVI. Il est aussi necessaire que lesdits Jurez fassent une visite generale chaque mois dans toutes les maisons des Ouvriers & Façonniers; &, s'il y a des Villages & Hameaux dépendans de leur département qui soient éloignez de plus d'une lieuë de leur demeure, l'on y commettra des sous-Jurez & sous-Gardes pour y visiter & marquer les étoffes d'une marque semblable à celle desdits Jurez, lesquels Jurez pourront neanmoins y aller en visite, & marquer quand bon leur semblera; & si la Manufacture dudit lieu estoit considerable, le nom d'iceluy sera gravé autour de la marque qui sera apposée sur les étoffes par les sous-Jurez ou sous-Gardes. Et quant à la Jurisdiction pour les differens qui pourroient naistre sur le fait desdites Manufactures, le lieu des sous-Jurez ou sous-Esgards sera soumis à la Jurisdiction des Manufactures du lieu de la demeure des principaux Jurez & Esgards desquels ils seront dépendans, à l'exception de Riveray & Condé, qui ne seront justiciables que du Juge du Marquisat de la Galaiziere, ny visitez & marquez que par les Jurez desdits lieux.

XVII. Sur toutes choses, ledit Commis tiendra fortement la main, à ce que toutes les marchandises de laine & de fil foraines & étrangeres contenuës audit Reglement qui seront transportées dans les Villes pour y estre debitées, soient directement déchargées dans les halles d'icelles, aprés avoir passé aux Bureaux des Domaines, & qu'elles y soient exactement visitées par les Gardes de la Draperie, & marquées si elles sont conformes audit Reglement, sinon saisies & confisquées (n'estant pas marquées de la marque des marchandises anciennes) ou n'ayant aucune marque

que. A l'effet de quoy lesdits Gardes tiendront lesdites halles bien clauses & fermées & en bon estat, y établiront un Bureau, & tiendront registres desdites marchandises : Ausquelles visites & marques pourra estre present un Drapier drapant qui sera nommé d'office par lesdits Eschevins ; & si lesdites marchandises passoient debout, n'en sera fait aucune visite, mais le Marchand auquel elles appartiendront en fera sa declaration sur ledit registre, avec promesse de rapporter certificat de leur décharge & visite du lieu où elles seront destinées. Et si lesdites marchandises estoient en toille, & non apprestées, la visite & la marque s'en fera par les Jurez des Drapiers drapans, ainsi que des autres marchandises fabriquées au lieu de leur demeure. Et si aucun Marchand ou autre recevoit lesdites marchandises en sa maison & magazin auparavant que d'avoir passé aux halles, & y avoit esté visitées & marquées, comme dit est, lesdits Gardes de la Draperie les feront saisir, & en feront ordonner la confiscation par lesdits Eschevins. Observer sur cela que des marchandises destinées pour les Foires qui se tiennent dans les Villes ne doivent estre portées aux halles desdites Villes, parce que la visite & la marque ne s'en doivent faire que dans les Foires : comme aussi remarquer qu'aux lieux où il y a des Gardes de la Draperie, ce sont lesdits Gardes seuls qui visitent les marchandises foraines & étrangeres qui sont apportées aux halles & foires, les Boujonneurs, Jurez, ou Esgards n'ayant la faculté de faire leurs visites & marques que chez les Ouvriers & dans la Chambre de la Communauté ; & comme dit est, des marchandises foraines ou étrangeres qui seront en toille & non apprestées. Chacuns Gardes & Jurez ou Boujonneurs auront leurs marques differentes les unes des autres : Sçavoir, les Gardes Drapiers feront graver d'un costé ces mots, *Marchandises Foraines*; & de l'autre une fleur de lys, & autour ces mots, *Gardes Drapiers de tel lieu*; & les Jurez & les Boujonneurs feront inscrire d'un costé de leur marque ces mots, *Manufactures de tel lieu*, & de l'autre costé les armes dudit lieu, & autour ces mots, *Marqué par les Jurez ou Boujonneurs*.

XVIII. Ledit Commis s'informera, & fera un memoire de toutes les Foires considerables qui se tiendront dans son département pour les Manufactures des étoffes de soye, laine, coton, fil & poil des lieux, & des jours que se tiendront lesdites Foires, & s'y transportera avec le Juge de la Police des Manufactures, & les Gardes & Jurez desdits lieux pour y visiter lesdites marchandises, voir si elles ont esté marquées aux lieux de leur fabrique, & si elles sont de la qualité portée par ledit Reglement; & s'il s'en trouvoit qui ne le fussent, les faire saisir & confisquer, & déchirer les lizieres publiquement sur le champ, pourvû qu'elles ne soient marquées de la marque ancienne, c'est à dire, de la marque des marchandises faites avant ledit Reglement. Mais comme il est fort important de ne pas troubler le commerce des Foires, & que peu de chose est capable de l'interrompre, l'on doit proceder en tout cela avec bien de la prudence, de l'adresse & de la vigilance aux jours & heures les plus commodes aux vendeurs & acheteurs, & insinuer à tous les Marchands de ne plus achetter des marchandises étroites & non conformes audit Reglement, leur representant que la peine de la confiscation tombe directement sur eux; & que quand on leur donneroit leur recours contre les Ouvriers & Façonniers qui les ont faites, ils ne pourroient éviter en leur particulier une condamnation d'amende pour les avoir achettées au préjudice des défenses qui leur en sont faites.

XIX. Lors que l'on procedera aux visites desdites étoffes, lesdits Commis auront soin de faire faire des Memoires par les Gardes ou Jurez en charge des défauts qui y auront esté remarquez, des moyens d'y remedier & de porter la fabrique & l'aprest dans sa perfection : desquelles choses ils tiendront registre, sur lequel seront cotez les lieux des fabriques desdites étoffes, afin que ledit Commis soit pleinement informé de toutes choses, & le fasse sçavoir aux Ouvriers & Façonniers pour se corriger de leurs défauts.

XX. Sera observé qu'une étoffe ayant esté marquée au lieu de sa fabrique, & l'ayant encore esté par les Gardes de la Ville où elle a esté portée, l'on ne doit plus aprés cela la marquer en aucun lieu ; & si elle est portée en Foires, ou en d'autres Villes, les Gardes n'ont de droit que pour visiter les plombs ; mais non pas l'étoffe.

XXI. Les Foulons marqueront les étoffes au sortir du vaisseau.

XXII. Toutes les marques apposées sur les étoffes seront de plomb.

XXXIII. Ledit Commis aura une marque de chacun lieu de son département où il se fait des Manufactures, pour la confronter & s'en servir au besoin.

XXIV. Se rendra tres-exact à l'observation de la largeur des étoffes prescrites par le Reglement sans en rien diminuer, & que la force, la finesse, & la bonté soient égales en toute la piece, & proportionnées à sa qualité : à l'effet de quoy sera mis le nombre de fils & de portées necessaires pour parvenir à ladite largeur, force, finesse & bonté, sans s'arrester à celuy fixé par les Brefs & Statuts particuliers des lieux, ny à ce que lesdits fils & portées ne sont point limitez par ledit Reglement, n'ayant dû le faire à cause que les laines & leur filage n'estant pas égaux en tous lieux, le nombre de fils & de portées augmente ou diminuë selon la finesse & la grosseur de la laine & de son fil, & il suffit d'avoir specifié la largeur uniformement pour toutes les étoffes de mesme nom & qualité.

XXV. Pour ce qui est de la longueur des pieces desdites étoffes, il faut aussi la faire observer suivant le Reglement ou approchant d'une aulne ou une aulne & demie plus que celle portée par ledit Reglement, parce que le foulon ne peut pas estre juste en la longueur comme en la largeur, & que d'ailleurs la longueur n'interesse pas le public comme la largeur : mais il ne faudra souffrir que ladite longueur excede davantage d'une aulne & demie celle portée par ledit Reglement, dautant que l'etoffe n'en seroit si bien façonnée & apprestée, & causeroit des cassures au sechoir.

XXVI. Observer que si les Ouvriers & Façonniers faisoient filer leurs chaînes toutes de mesme laine & de mesme longueur pour chaque espece d'étoffe, il seroit facile d'en rendre la largeur à peu prés égale, & la chose est assez de consequence pour s'y appliquer. Comme aussi empêcher que les Ouvriers & Façonniers ne meslent aucunes bourres, plis, pignons, moraines & aiguelins, & autres méchantes laines avec celles de bonne qualité pour faire les draps, serges & ratines, attendu que ce sont étoffes de prix, & s'il y estoit contrevenu, faire confisquer lesdites étoffes.

XXVII. Ledit Commis excitera autant qu'il luy sera possible tous les Maistres & Façonniers qui travaillent en draps fins façon d'Espagne & de Hollande & en draps du Sceau, de les faire dans la plus grande perfection & quantité qui leur sera possible, pour bien établir le commerce des Manufactures de France, & se passer des Estrangers. Sur quoy sera observé, que les bons Ouvriers font une faute notable de quitter entierement la fabrique desdits draps, pour ne faire que des droguets, parce que la mode des droguets venant à changer, ils se trouveront sans travail, & auront perdu l'habitude & l'industrie de la fabrique des draps : c'est pourquoy ils doivent travailler en draps & en droguets.

XXVIII. Comme l'abus des marchandises étroites a esté particulierement introduit par quelques Marchands ; lesquels, pour y mieux trouver leur compte, provoquent & ordonnent aux Façonniers & Ouvriers de diminuer la largeur de leurs étoffes prescrites par les anciennes & nouvelles Ordonnances ; lequel desordre continuë à present en plusieurs lieux, ce qui empêche non seulement l'execution desdits Reglemens nouveaux, mais encore cause un notable dommage aux autres Marchands, Ouvriers & Façonniers qui sont dans une parfaite obeïssance ausdits Reglemens, parce que ne pouvant donner les marchandises de bonne qualité au mesme prix que les contrevenans ausdits Reglemens vendent celles qui sont défectueuses, le commerce & le débit des bonnes diminuë, & celuy des défectueuses augmente : pour à quoy remedier, ledit Commis fera une recherche tres exacte desdites subornations & contraventions, & en ayant découvert les auteurs, baillera sa requeste contre eux aux Eschevins, Juges de Police des Manufactures, & s'il n'y a point d'Eschevins, la baillera au Juge ordinaire de la Police du lieu où lesdites contraventions auront esté commises, à ce que pour avoir commis & provoqué lesdites contraventions par de semblables voyes, tout commerce d'étoffes leur soit interdit, & condamnez en telle amende qu'il appartiendra. Et pour servir d'exemple & imprimer la crainte aux contrevenans ausdits Reglemens, il faudra répandre les Jugemens qui interviendront en de semblables affaires dans tous les lieux où les Manufactures sont établies, & nous informer des noms & de la demeure des contrevenans ausdits Reglemens, & des lieux de leur commerce ordinaire, afin que par nos ordres ils soient réprimez en tous lieux.

XXIX. Remarquer particulierement les lieux où se font les marchandises étroites & defectueuses & ceux de leur débit, & s'attacher fortement à en réprimer les abus par toutes voyes legitimes.

XXX. Avoir un homme affidé & intelligent dans les Manufactures en tous les lieux du département dudit Commis où elles sont établies, pour découvrir les abus qui s'y font, & résoudre ensemble les moyens d'y remedier, & de perfectionner lesdites Manufactures.

XXXI. Empêcher que les Drapiers, Sergers, Foulons, ny autres ne tirent, allongent, ny arament les étoffes en blanc, grises, ny en teinture, en sorte qu'elles se puissent retressir de la largeur, ny racourcir de la longueur; mais seulement le tirage en sera fait pour les rendre carrées & unies.

XXXII. Faire promptement visite chez tous les Tondeurs de draps & serges, & executer severement l'Article cinquante-trois du Reglement qui les concerne, dautant que sans cela l'apprest desdits draps & serges ne se peut bien faire.

XXXIII. Empêcher que les ballots & balles de laines de differentes qualitez soient meslées ensemble, à cause que les unes foulant moins que les autres, tel mélange rend l'étoffe creuse & mal unie;

& auſſi qu'elles ne ſoient expoſées en vente, ny employées, qu'elles n'ayent auparavant eſté viſitées par les Gardes & Jurez en charge.

XXXIV. L'abus qui ſe commet en beaucoup de lieux à l'aulnage des étoffes apportant du trouble au commerce, & un notable dommage aux Ouvriers & Façonniers, ledit Commis ſuivant le quarante-quatriéme Artile dudit Reglement empêchera que ledit aulnage, de quelque marchandiſe que ce ſoit, ſe faſſe autrement que pince à pince; c'eſt à dire bois à bois, juſtement ſans pouce ny évent au bout de l'aulne; & qu'il ſoit donné par le Façonnier vendeur au Marchand achetteur pour la bonne meſure, plus d'une aulne & un quart ſur vingt-une & un quart, vulgairement appellée vingt-un & un quart pour vingt, ſans teſte ny queuë de la piece des étoffes; & que ladite bonne meſure & excedant d'aulnage ne ſoient donnez ny reçus que pour les marchandiſes ſeulement deſquelles l'on a accouſtumé de donner un excedant d'aulnage, & ſans pouvoir étendre ledit excedant d'aulnage ſur les autres marchandiſes dont l'uſage n'eſt pas d'en donner, ny qu'icelles puiſſent eſtre auſſi aulnées autrement que bois à bois, ſans pouce ny évent; & s'il y eſtoit contrevenu, ledit Commis pourſuivra l'interdiction de l'aulneur, & la condamnation de l'amende de cent livres contre le Marchand achetteur, pardevant les Eſchevins du lieu où la contravention aura eſté faite; & s'il n'y en a point, fera leſdites pourſuites pardevant le Juge ordinaire de Police. Et pour éviter que les aulneurs ne puiſſent ſurprendre l'achetteur ny le vendeur, les Façonniers attacheront à chaque piece d'étoffes un bulletin contenant l'aulnage d'icelle au juſte.

XXXV. Fera faire une viſite generale en tous

les lieux de son département, des aulnes, poids & balances, pour connoistre s'ils sont étalonnez & marquez, & conformes aux anciennes Ordonnances; & fera confisquer ceux qui seront trop forts ou trop foibles.

XXXVI. Tiendra la main à ce que les Marchands Drapiers qui auront acheté des marchandises des Drapiers drapans & Sergers, soit aux halles, ou aux foires, arrestent les comptes des vendeurs deux ou trois jours au plus aprés la délivrance desdites marchandises, sinon qu'ils leurs payent quarante sols pour chacun jour de séjour, suivant le quarante cinq Article dudit Reglement.

XXXVII. Lors que les Gardes ou Jurez sortiront de Charge, ils remettront entre les mains de ceux qui auront esté nommez en leur place tous les registres & papiers concernant les affaires de leur Communauté, & rendront compte un mois aprés de leur commission à l'amiable, en la presence d'un Eschevin; & s'il n'y en a point, pardevant le Juge ordinaire de la Police, gratuitement & sans frais.

XXXVIII. Remarquer que l'Ouvrier & Façonnier peut estre Courtier, pourvû qu'il ne fasse commerce pour son compte particulier que des étoffes de sa façon.

XXXIX. Ledit Commis ne fera aucun achat ny commerce de marchandise directement ny indirectement pour son compte particulier, ny pour aucun Marchand dans toute l'étenduë de son département, à peine d'estre revoqué, & de perte de ses appointemens.

XL. Ledit Commis s'informera si les ordres que nous avons cy-devant donnez, de ne point proceder par saisie des moutons & brebis sont bien executez; & s'il y a esté ou est contrevenu, il en donnera promptement avis à Monsieur l'Intendant de la Province, afin qu'il y pourvoye.

XLI. Sçavoir, la quantité de moutons qu'il y a dans le département dudit Commis, & celle qui s'y peut commodément nourrir, & le lieu où les laines sont les meilleures pour leur longueur, blancheur & finesse.

XLII. Faire des memoires en tous les lieux des remarques qu'on aura faites sur les Reglemens des Manufactures, soit de ce qu'on croira y avoir esté obmis, ou qui n'aura esté expliqué assez nettement, ou qui seroit contraire à la perfection des Manufactures, & des moyens de mieux faire, & d'en augmenter le commerce : à l'effet de quoy, & pour bien discuter toutes choses, les Eschevins feront assembler dans l'Hostel de Ville les principaux & plus habiles Marchands & Maistres Façonniers, pour y donner leurs avis, dont il sera dressé Procés verbal. Les Juges ordinaires de la Police où il n'y a point d'Eschevins feront la mesme chose, observant neanmoins que cela ne doit differer l'execution desdits Reglemens, jusques à ce qu'il y ait esté pourvû par Sa Majesté si elle le juge necessaire.

XLIII. Faire observer la police des Maistres, Compagnons & Apprentifs en la forme prescrite par lesdits Reglemens generaux, estimant qu'il n'y a pas de meilleur moyen pour les faire vivre dans l'ordre, éviter les procés & chicanes, & les rendre capables de leur Mestier, que de la suivre exactement, ou bien celle contenuë dans les Brefs & Statuts particuliers qui ont esté homologuez au Conseil Royal de Commerce. Et s'il estoit fait des festins, pris & exigé plus grand droit par les Officiers ordinaires pour la prestation de serment des Jurez, examen du chef-d'œuvre, & lettres de Maistrise, que celuy porté par lesdits Reglemens, ou que les Eschevins prissent des épices ou salaires, ny quoy que ce soit pour les procés concernans lesdites Manufactures, ledit Commis en fera sa plainte à Monsieur l'Intendant de la Province, fera informer contre eux, & instruira leur procés. Et sur l'avis que nous avons reçû qu'aucuns Juges & leurs Greffiers ont pris & exigé pour de simples inscriptions de noms des Maistres du Mestier sur leur registre jusques à quinze à vingt livres, quoy qu'il ne leur en fût dû que vingt sols au plus, & que lesdites inscriptions de noms n'ayent esté faites qu'en execution desdits Reglemens, pour empêcher l'abus qui se commettoit par ceux qui ne sont point Maistres : Nous ordonnons aussi audit Commis de faire restituer ce qui aura esté reçû outre & pardessus vingt sols pour chacune inscription de nom, & acte délivré en consequence à chacun Maistre du Mestier, & que pour cet effet il fasse toutes poursuites necessaires.

XLIV. Ledit Commis s'informera & fera memoire de tous les procés & differens qui sont entre les Communautez des Drapiers, Merciers, Sergers & Teinturiers; travaillera à les regler à l'amiable, & concilier leurs esprits : & s'il ne le peut faire seul, y employera l'autorité des sieurs Eschevins du lieu; mesme s'il est besoin, aura recours à Monsieur l'Intendant de la Province, & nous avertira de ceux qui seront refusans de terminer à l'amiable, ou qui ont fomenté lesdits procés.

XLV. Pour l'execution du Reglement des Teintures des étoffes de laine, il faudra le faire registrer au Greffe des Hostels de Ville, & des Juges ordinaires de la Police, que les Maistres Teinturiers y fassent inscrire leurs noms, élisent des Jurez conformément audit Reglement, distribuent à chacun Maistre une copie dudit Reglement, ayent un registre de Communauté, & transcrivent sur iceluy ledit Reglement, ensemble la liste des Maistres, leurs déliberations, l'acceptation dudit Reglement, & leur soumission d'y satisfaire; en un mot, que lesdits Teinturiers suivent le mesme ordre que les Drapiers & Sergers, & la mesme Jurisdiction qui a esté cy-devant expliquée.

XLVI. Voir en chacune ville s'il y a nombre suffisant de Maistres Teinturiers en bon teint, sinon l'augmenter, ainsi qu'il est dit par ledit Reglement; s'il y a aussi des moulins propres à dégorger les draps, & si chacun Teinturier aura fait faire une petite enclume, & graver son nom & le lieu de sa demeure sur icelle pour servir à la marque des étoffes qu'il aura teintes.

XLVII. Tenir la main qu'il soit commis un Marchand pour visiter les Teinturiers en bon teint, & marquer les étoffes qu'il aura teintes; & que pour cet effet il soit teint des échantillons de draps de toutes sortes de couleurs en cramoisy, suivant les Articles trente-huit & quarante dudit Reglement, & que lesdites teintures soient composées des ingrediens ordonnez par ledit Reglement.

XLVII. Les draps ou serges qui seront soupçonnez de fausse teinture seront déboüillis suivant l'Article trente-sept.

XLIX. Les Marchands qui font teindre en écarlate, violette, pensée, vert-brun & vert-gay doivent litter leurs étoffes avant que de les envoyer aux Teinturiers, & les Teinturiers doivent laisser à chaque piece une rose de la couleur qui aura servi de pied, & toute ladite piece doit estre teinte en pied, c'est à dire en fonds de la mesme couleur que celle de ladite rose, ce qu'il importe de bien faire observer pour éviter l'abus des faulses teintures.

L. Ledit Commis avertira tous les Maistres Teinturiers & les Marchands, qu'outre la visite & marque des étoffes au lieu de leur fabrique & teinture, elles seront encore visitées & marquées dans les foires & dans les halles des Villes où elles seront portées pour y estre debitées, & confisquées si elles ne sont de bonne qualité; & que si aucunes étoffes sont exposées en vente sans estre marquées, elles seront confisquées, quand mesme il n'y auroit aucun défaut: pour à quoy veiller, nous avons envoyé des Commis dans toutes les Provinces du Royaume.

L I. Empêchera qu'autres que les Maistres Teinturiers s'ingerent de teindre des étoffes, & fera observer aux Maistres, Compagnons & Apprentifs la police prescrite par ledit Reglement.

L I I. Le Reglement pour la teinture des soyes, laines & fil, doit estre executé, ainsi que celuy pour la teinture des étoffes de laine, comme il est dit au quarante-sixiéme Article de cette Instruction, pour la Jurisdiction, publication, enregistrement & distribution d'iceluy aux Maistres de l'Art; pour l'élection des Jurez, suivant le deuxiéme Article dudit Reglement; & pour la nomination d'un seul Teinturier des Soyes à demi-bain, vulgairement appellé teintes sur le crû, conformement au trente huitiéme Article, dont l'observation est de grande consequence.

L I I I. Faire faire des modelles de toutes sortes de nuances & couleurs de Soyes cramoisy en la maniere prescrite par l'Article quatre-vingts; & empêcher que plusieurs Teinturiers ne logent ensemble en mesme maison, ny ne tiennent mesme boutique, si ce n'est que leur travail & leurs teintures soient semblables.

LIV. Obliger tous les Maistres Teinturiers de Soye de marquer les bottes de soye qu'ils auront teintes, & en tenir fidel registre, suivant les quatre-vingts-quatre & quatre-vingts-cinq Articles dudit Reglement.

LV. L'abus le plus frequent & le plus important qui se commet dans la teinture, estant sur les Soyes en noir, à cause de la surcharge que l'on y fait de galles fines au delà du poids qui en a esté fixé par les Articles 32. 33. 34. 35. & 36. dudit Reglement, ledit Commis s'attachera fortement à l'entiere execution desdits Articles dans toute la severité ordonnée par iceux, laissant la liberté aux Teinturiers d'employer en leurs teintures telle quantité de galles legeres qu'ils jugeront necessaire. Et comme il n'y a point de plus beau noir, ny plus leger & utile au public que celuy des taffetas vulgairement appellez taffetas de noir lustrez de Lyon, il est absolument necessaire que tous les autres noirs soient de mesmes qualitez, & que les Teinturiers n'en fassent point d'autres, où que toutes les Soyes soient faites en noirs appellez legers, qui diminuënt de dix & douze pour cent, quelque ordre contraire que les Marchands leur en donnent pour y mieux trouver leur compte.

LVI. Remarquera ledit Commis en faisant sa tournée, à quelles teintures chaques lieux sont plus propres, soit à cause de leurs eaux, feüilles, fruits, herbes, racines, & quelles couleurs desdites teintures y abondent le plus, afin d'obliger ceux des environs d'y envoyer teindre leurs étoffes, estant à remarquer que la bonne teinture augmente de beaucoup la bonté, la beauté & le prix des étoffes, quoy qu'elle couste peu de chose de plus que la mediocre ou la mauvaise.

LVII. Examiner tous les lieux les plus propres pour la production des arbres, racines, feüilles, fruits & herbes, & autres choses qui composent les bonnes teintures, comme pastel, vovéide, garance, gaude, & graine d'écarlate ; & voir avec lesdits sieurs Eschevins & les Juges de Police par quels moyens on pourra les faire planter & semer ausdits lieux en suffisante quantité, leur representant l'utilité qu'ils en recevront.

LVIII. Pareillement examiner tous les lieux les plus convenables à l'établissement & augmentation des Manufactures, soit par le rapport ordinaire de la terre, la qualité ou commodité des eaux, le nombre d'hommes, leur industrie, & leurs inclinations.

LIX. Ledit Commis fera un estat des lieux où il y a commerce & Manufactures établies ; de quelle espece & qualitez elles sont ; verra comme elles se fabriquent, observera leurs bonnes & mauvaises qualitez ; s'appliquera à rechercher les moyens de les perfectionner ; en prendra des échantillons ; fera memoire de leur largeur & longueur de la piece, & du prix d'icelle ; combien de pieces il s'en fait par année, & du nombre de mestiers de chacune espece en chaque lieu.

LX. Verra avec les sieurs Eschevins des Villes où il y a des Hôpitaux, les moyens d'occuper les pauvres au travail des Manufactures, comme aussi les gens fainéans, & de leur fournir les outils, métiers & matieres necessaires.

LXI. Lesdits sieurs Eschevins, les Juges de Police, & les Gardes & Jurez des Communautez se conformeront à nostre presente Instruction, chacun à leur égard, & donneront entrée, séance & voix déliberative audit Commis en toutes les assemblées qu'ils fetont concernant l'execution desdits Reglemens, & luy donneront à cette fin conseil, aide & protection quand ils en seront requis; comme aussi tous Marchands Teinturiers, Façonniers & Ouvriers donneront entrée audit Commis en leurs maisons, boutiques & magasins, pour y voir & visiter leurs marchandises toutesfois & quantes qu'ils en seront par luy requis.

LXII. Incontinent aprés l'arrivée dudit Commis dans les Villes ou gros Bourgs, les Eschevins tiendront conseil de Police pour les Manufactures dans l'Hostel de Ville; & s'il n'y à point d'Eschevins, ce sera le Juge de Police, auquel ledit Commis assistera, ensemble les Gardes & Jurez en charge, les anciens Maistres qui ont passé par les Charges, & tel nombre de Maistres, Marchands & notables Bourgeois qui sera reglé par lesdits sieurs Eschevins, ou par ledit Juge, pardevant qui se tiendra ledit Conseil, sans qu'autres que ceux qui seront appellez s'y puissent trouver, à peine d'estre traitez comme des factieux. Et audit Conseil sera déliberé & arresté les moyens les plus raisonnables & avantageux pour l'execution desdits Reglemens & de la presente Instruction, l'augmentation & le bien du Commerce, & sur tout pour marquer en cette occasion une parfaite obéïssance aux volontez de Sa Majesté, que nous avons par son ordre amplement exprimées dans cette Instruction.

LXIII. Ledit Commis observera exactement la conduite des Gardes & Jurez; & s'ils ne s'acquitent bien de leur devoir, en fera ses plaintes ausdits sieurs Eschevins; & où il n'y en auroit, les fera au Juge de la Police, afin qu'ils y pourvoient: Comme aussi prendra garde à la capacité & conduite desdits sieurs Maires & Eschevins, & des Juges de Police; & si elle ne répond pas à nos intentions pour la parfaite execution desdits Reglemens, & de cette Instruction, il en fera ses plaintes à Monsieur l'Intendant de la Province, afin qu'il se transporte sur les lieux, pour y donner les ordres necessaires : & à toutes les occasions ledit Commis nous informera particulierement de tout ce qui se sera passé à cet égard, & nous marquera les noms & demeures des Maires, Eschevins, & des Juges qui seront les plus capables & les mieux intentionnez.

LXIV. S'il arrivoit quelque contestation pour l'attribution des amendes qui seront adjugées pour le fait des Manufactures, ledit Commis fera sçavoir à ceux qui les prétendront, que Sa Majesté s'estant expliquée sur cela, a résolu de ne s'attribuer que la moitié des amendes qui seront adjugées dans l'étenduë de ses Justices Royales ; & qu'au regard de celles qui seront adjugées dans l'étenduë des Justices subalternes, ladite moitié appartiendra aux Seigneurs Justiciers qui en joüissoient avant lesdits Reglemens generaux ; & pour l'autre moitié, qu'elle appartiendra en toutes Jurisdictions aux Jurez & aux Pauvres du lieu où les Jugemens auront esté rendus, chacun pour moitié.

LXV. De tout ce que dessus, ledit Commis dressera ses Procés verbaux, pour nous en rendre compte lors que nous luy ordonnerons ; & cependant nous informera par ses Lettres de ses diligences, de quinzaine en quinzaine ; nous fera sçavoir le lieu où nous luy adresserons nos ordres, & se comportera en toutes choses avec application, prudence, fidelité, affection & vigilance. FAIT à
jour d mil six cens quatre-vingts

ARREST

INSTRUCTION

AUX MAISTRES ET GARDES Jurez, ou Esgards des Communautez des Marchands Drapiers, Maistres Drapans, Sergers, Ouvriers; & Façonniers, & Maîtres Teinturiers des Villes, Bourgs & Villages du Royaume où les Manufactures sont establies; de ce qu'ils doivent faire en execution des Statuts & Reglemens generaux pour lesdites Manufactures, Teintures d'icelles, & pour la Jurisdiction des Procés & differens qui les concerneront.

Registrée au Parlement de Paris en la presence du Roy, le 13. Aoust 1669.

PREMIEREMENT lesdits Gardes ou Jurez Drapiers, Sergers & Teinturiers feront exactement une liste des noms & surnoms de tous les Maîtres de leur Communauté, laquelle ils signeront & l'apporteront à Messieurs les Eschevins du lieu de leur demeure; & s'il n'y en a point, l'apporteront au Juge de Police, pour estre transcrite sur leur Registre. Ce fait ils transcriront ladite Liste sur le livre de leur Communauté, & empêcheront qu'autres que les Maistres dénommez dans ladite Liste s'immissent de faire des Draps, Serges, ny autres étoffes, ny de les teindre ; Sçavoir les Draps, Serges, & autres étoffes par les Maiſtres Teinturiers, & les laines par les Façonniers, conformément au 33. Article du Reglement des Teinturiers, s'ils n'en ont la permiſſion deſdits ſieurs Eſchevins ; & s'il n'y en a point, celle du Juge de Police, ſuivant l'Article 34. dudit Reglement.

Ils feront imprimer leſdits Reglemens, les transcriront ſur le Livre de la Communauté, & en délivreront une copie à chacun Maiſtre qui en ſignera la reception ſur ledit Regiſtre, au bas d'un écrit qui contiendra ces mots : *Les Maiſtres Jurez qui ſont en charge ont délivré une copie des Reglemens cy-devant tranſcrits à chacun des Maiſtres dudit métier ſouſſignez, qui ſe ſont ſoûmis à leur execution ſur les peines y contenuës.* Et ſi quelqu'un eſtoit refuſant de ſigner ledit écrit, & recevoir ledit Reglement, leſdits Jurez ſe pourvoiront pardevant le Juge de Police des Manufactures ; c'eſt à dire, pardevant les Eſchevins s'il y en a ; & s'il n'y en a point, pardevant le Juge de Police ordinaire, pour faire interdire de la Maiſtriſe le refuſant, juſques à ce qu'il y aye ſatisfait.

Pour viſiter & marquer les marchandiſes qui ſeront fabriquées ou teintes ſur les lieux, ou celles qui y ſeront apportées par les Forains ou Eſtrangers pour y eſtre debitées, leſdits Jurez auront un Bureau dans les Maiſons de Ville, ou aux Halles, ou autre lieu le plus commode, & regleront les jours & heures certaines pour proceder auſdites viſites & marques, & juſques à ce que ladite viſite ſoit faite, & les marques apposées, & que le nom de l'Ouvrier ſoit mis ſur chacune piece. Ils empêcheront la vente & le tranſport deſdites marchandiſes, & obſerveront en faiſant leſdites viſites ſi les pieces ſont d'une égale force & bonté en toute leur étenduë, & où elles ne seroient de la largeur, bonté & teinture requise par lesdits Reglemens, ils les saisiront & en feront leur rapport, & poursuivront la confiscation pardevant les Officiers des Manufactures, qui sont comme dit est, les sieurs Maire & Eschevins, ou autres faisant pareille fonction; & s'il n'y en a point, pardevant les Juges ordinaires, qui avant ledit Reglement du 13. Aoust 1669. connoissoient de la Police desdites Manufactures.

Pour satisfaire au susdit Article, lesdits Jurez feront faire des marques en la maniere prescrite par lesdits Reglemens, l'une pour marquer les marchandises faites & teintes avant lesdits Reglemens; une autre pour marquer celles qui seront fabriquées depuis, & en conformité d'iceux, & d'autres pour marquer les marchandises chez les Teinturiers, observant la difference que doivent avoir lesdites marques: Que la premiere doit estre rompuë aprés la visite generale, & la marque de toutes les étoffes faites avant lesdits Reglemens: Que le nom du lieu où lesdites marchandises auront esté fabriquées doit estre gravé autour des marques qui y seront apposées; Et que tous Teinturiers doivent avoir chacun une petite enclume, sur laquelle enclume sera gravé leur nom, & le lieu de leur demeure, pour estre imprimez sur les plombs qui seront mis aux étoffes par eux teintes, ainsi qu'il est porté au 38. Article du Reglement des Teintures.

Feront au plûtost une visite generale chez les Marchands, & les Ouvriers & Façonniers, & y marqueront toutes les étoffes qu'ils y trouveront, aprés quoy ladite marque sera emprainte sur le Registre des Juges de Police desdites Manufactures, & sur le livre de la Communauté, & ensuite rompuë & mise en piece en la presence desdits Officiers & des

Jurez en charge, dont sera fait mention sur lesdits Registres.

Ils feront incessamment & sans remise reformer tous les Mestiers qui ne seront propres pour les largeurs des étoffes portées par lesdits Reglemens, en sorte que dans quatre mois il n'en reste aucun à réformer, laquelle reformation ne se fera que d'une partie dés mestiers de chaque Maistre, l'une aprés l'autre, pour ne pas discontinuer entierement leur travail; & empêcheront dés à present que sur les métiers propres pour les largeurs ordonnées par ledit Reglement, il soit fait aucunes étoffes étroites, ny qu'aprés l'expiration des quatre mois il en soit marqué d'étroites; mais que celles qui auront cette défectuosité & n'auront esté marquées dans lesdits quatre mois, soient aprés l'expiration d'iceux, saisies, confisquées, & les lizieres déchirées publiquement à la diligence desdits Jurez qui en feront leur rapport aux Juges des Manufactures. Sur quoy lesdits Jurez observeront que les étoffes non conformes audit Reglement qui auront esté marquées dans ledit temps de quatre mois, seront à l'avenir dans le commerce comme par le passé, pour éviter la perte que les Marchands en souffriroient : Neanmoins à l'égard des Ouvriers & Façonniers il ne leur a esté donné que le temps de six mois pour vendre & debiter aux Marchands celles qu'ils auront.

Avertiront tous les Maistres & Façonniers que l'aunage des étoffes se doit faire pince à pince, c'est à dire, bois à bois, justement, sans pouce ny évant; & que pour éviter les abus que les aulneurs pourroient commettre, lesdits Façonniers ayent à mettre à l'avenir fidellement l'aulnage au juste de chacune piece sur un morceau de parchemin signé d'eux, qu'ils y attacheront; & si contre la verité d'iceluy les aulneurs donnent moins d'aulnage, ils ayent à en faire leurs plaintes au Juge de Police des Manufactures ; & avertiront aussi les Marchands & Façonniers que tout excedant d'aulnage ancien, est reduit à cinq quartiers sur vingt-une aulne & un quart, mais qu'il n'en doit estre donné aucun pour les marchandises dont il ne s'en donnoit par le passé.

TIENDRONT la main à ce que les aulneurs executent ponctuellement les Articles 36. & 37. du Reglement des longueurs, largeurs & qualitez des Manufactures.

EMPESCHERONT que les draps & serges ny autres étoffes soient tirez ny alongez en blanc ny en teinture, de telle sorte qu'ils se puissent racourcir de la longueur, ny étroissir de la largeur, moindre que celle portée par le Reglement ; & au cas qu'il y soit contrevenu, ils poursuivront la confiscation desdites marchandises, & la condamnation de l'amende portée par le 52. Article dudit Reglement.

EMPESCHERONT aussi qu'il soit employé pour l'ensimage des draps & serges, autre graisse que du saindoux de porc du plus blanc, ny que les Tondeurs ayent aucunes cardes en leur maison, ny qu'ils s'en servent pour coucher les draps & serges, mais les obliger à se servir de chardons sur les peines portées par le 43. Article, & veilleront que l'apprest en soit fait en perfection.

VISITERONT les laines, & empêcheront qu'elles ne soient moüillées ny mises en lieu humide, ny aussi que celles de differentes qualitez soient mêlées ensemble, ainsi qu'il est ordonné par le 41. Article.

EXCITERONT les Maistres & Façonniers qui travaillent en draps fins façon d'Espagne & d'Hollande, & en draps du Sceau, de les faire dans la plus grande perfection & quantité qui leur sera possible, afin de se passer plus facilement des draps étrangers, & remettre le commerce de ceux de France, sur quoy ils observeront que les bons Ouvriers font faute de quitter entierement la fabrique desdits draps pour ne faire que des droguets, & qu'il faut faire plus de draps que de droguets.

FERONT teindre par les Maistres Jurez Teinturiers des échantillons de draps de toutes sortes de couleurs en cramoisy, comme il est porté par le 38. Article du Reglement des Teintures, & nommeront un Marchand pour aller en visite chez les Teinturiers, suivant le 40. Article dudit Reglement, à quoy il est tres-important de s'attacher fortement.

LES draps ou serges qui seront soupçonnez de fausses teintures seront déboüillis, suivant l'Article 37. & seront les Teinturiers avertis d'asseoir leurs cuves de pastel, singulierement pour les draps; & quant à la garence, qu'il en soit mis peu, à cause qu'elle rend l'étoffe plus rude que les autres ingrediens, & que la quantité rougy.

OBLIGERONT les Marchands qui feront teindre en écarlate violette, pensée, vert-brun, & vert-gay, de liter les étoffes avant que les donner aux Teinturiers.

PRENDRONT garde qu'à toutes les étoffes teintes en bon teint, il soit laissé par les Teinturiers une roze de la couleur qui aura servy de pied, & que toute la piece soit teinte en pied, c'est à dire, en fond de la mesme couleur que ladite roze.

REMARQUERONT s'il y a nombre suffisant de Teinturiers, & s'ils sont capables & fideles, & s'il y a des moulins propres à dégorger les draps, afin de les disposer à recevoir mieux la teinture; & s'il est necessaire d'y pourvoir, ils s'adresseront au Juge de Police des Manufactures.

LESDITS Jurez sont avertis & avertiront tous les Marchands, Ouvriers, Façonniers & Teinturiers, que toutes les étoffes, outre la visite & marque au lieu de leur fabrique, seront encore visitées & marquées dans les foires ou dans les halles des Villes & lieux où elles seront portées, pour y estre venduës & debitées, & jusques à ce que ladite visite & marque en soient faites par les Jurez desdits lieux; l'on ne pourra les exposer en vente; & qu'icelles ne se trouvant de la qualité portée par lesdits Reglemens en leur fabrique ou teinture, elles seront confisquées, & les peines tomberont sur les Jurez des lieux qui auront abusivement marqué lesdites étoffes, sauf leur recours contre ceux qui les auront mal fabriquées ou teintes; outre lesquelles précautions, Sa Majesté a résolu d'envoyer au plûtost des Commis pour resider en chaque Province, pour y faire executer lesdits Reglemens, & l'informer de ceux qui y contreviendront, & sur ce sera observé par les Officiers de Police des Foires du lieu où elles se tiendront, que les étoffes qui seront marquées du plomb d'autre lieu que celuy de leur fabrique, ne seront plus marquées ausdites Foires, ny ne pourront estre saisies pour cause de défectuosité.

SUR toutes les contraventions ausdits Reglemens, & pour les procés & differens concernant lesdites Manufactures en quelque maniere que ce soit, lesdits Jurez, Marchands, Ouvriers & Façonniers, se pourvoiront pardevant les Sieurs Eschevins des lieux, ou autres personnes faisans mesme fonction, pour estre par eux jugez sommairement, & sans frais; & pour la reception des Maistres & prestation de serment des Jurez, l'on se pourvoira pardevant les Juges ordinaires des lieux, au cas qu'avant lesdits Reglemens du 13. Aoust 1669. lesdits Juges fussent en possession desdits prestation de serment & reception; mais si c'estoit les Eschevins qui en fussent en possession, ils continuëront de le faire, & lesdits Juges ordinaires ne pourront s'en entremettre: & quant aux lieux où il n'y a point d'Eschevins, ny autres personnes faisans mesme fonction, l'on se pourvoira sur le tout pardevant les Juges qui sont en possession de connoistre de la Police des Manufactures: & si lesdits Sieurs Eschevins & Juges ne s'acquittoient exactement de leur devoir, lesdits Jurez en feront leurs plaintes à Messieurs les Maistres des Requestes que Sa Majeste a départis pour Commissaires dans les Provinces, afin qu'ils y pourvoyent, & en donneront aussi avis aux Commis que Sa Majesté y aura envoyez.

QUANT à la police desdits Mestiers concernant les apprentissages, Maistrises, & autres choses, lesdits Jurez se conformeront à ce qui est ordonné par lesdits Reglemens, & auront un soin particulier de s'adresser le premier Janvier de chacune année ausdits sieurs Eschevins; & s'il n'y en a point, aux Juges ordinaires, qui ont droit de connoistre de la Police, pour faire assemblée & tenir conseil de Police des Manufactures, en la maniere prescrite par les derniers Articles desdits Reglemens; le tout sur les peines portées par iceux. Et aussi, lesdits Jurez informeront tous les mois lesdits sieurs Eschevins ou le Juge qui aura, comme dit est, la Police des Manufactures, de tout ce qu'ils auront fait & remarqué concernant leur Commission.

ET si lesdits Jurez remarquent qu'il ait esté obmis quelque chose dans lesdits Reglemens qui soit necessaire pour la perfection desdites Manufactures, &

l'augmentation de leur Commerce & debit, ils se proposeront ausdits sieurs Eschevins, & s'il n'y en a point, au Juge de Police ; afin de l'examiner & en donner avis, s'il est necessaire, à Monseigneur Colbert, sur-Intendant des Arts & Manufactures de France.

JUGEMENT

DE MESSIEURS LES MAIRE & Eschevins de la ville de Blois, portant l'établissement du Bureau des Manufactures Royales, la rupture de l'ancienne Marque, établissement de la nouvelle, & le plan d'un poteau devant l'Hostel de Ville, du sixiéme Decembre 1670.

SUR ce qui nous a esté remontré par les Sieurs le Poupet & Billot, Commis de l'ordre exprés du Roy par Monseigneur Colbert, Ministre & Secretaire d'Estat, pour la reformation des Manufactures des Provinces du Blaisois, Anjou, Poitou, Aulnis, Xaintonges, Angoumois & Guienne : Qu'encore que la Jurisdiction pour les Manufactures soit attribuée aux Maires & Eschevins des Villes, par la Declaration de Sa Majesté verifiée en Parlement le 13. Aoust 1669. & maintenuë par tous les Arrests du Conseil Royal de Commerce sur ce intervenus, qui auroient esté registrez en nostre Greffe le 12. Novembre dernier, à la diligence du sieur Billot, sur le requiſitoire duquel avoit eſté meſme renduë une Ordonnance pour l'execution de ladite Declaration entre les Marchands Drapiers, Drapiers drapans, Merciers & autres vendans deſdites étoffes en cette Ville; neanmoins leſdits ſieurs le Poupet & Billot auroient eu avis que ladite Ordonnance n'a pas encore eſté publiée, & que la Juriſdiction pour leſdites Manufactures ne s'exerce point; à quoy eſtant neceſſaire de pourvoir, ſuivant l'intention de Sa Majeſté & le bien du Commerce, ils auroient requis que noſtre Ordonnance du 14. Novembre dernier, ſera publiée & affichée par tout où beſoin ſera: Que le Bureau ſera étably dans l'Hoſtel de Ville, pour y eſtre les marchandiſes apportées, viſitées & marquées par les Jurez en charge, ſuivant les Reglemens: Que la Juriſdiction pour leſdites Manufactures ſera exercée un certain jour de la ſemaine dans la Chambre du Conſeil dudit Hoſtel de Ville, auquel jour ſe fera par tous les Jurez ou la plus grande partie d'iceux, la viſite & marque deſdites marchandiſes; à cette fin, que l'ancienne & nouvelle marque y ſeront preſentement rapportées pour eſtre l'ancienne rompuë, & la nouvelle établie, qui demeurera dans le Bureau; Et pour affermir davantage l'execution deſdits Reglemens, & notter en quelque façon d'infamie les contrevenans, qu'il ſera planté proche l'Hoſtel de Ville un poteau de la hauteur de neuf pieds, auquel ſeront attachez des morceaux des pieces de marchandiſes qui ſeront couppez pour avoir eſté trouvées défectueuſes, ſoit en qualité, longueur, largeur ou teinture, & qui auront eſté confiſquées en execution de nos Jugemens, pour y demeurer deux fois vingt-quatre heures, avec le nom & la demeure de l'Ouvrier ou Marchand ſur lequel leſdites étoffes auront eſté ſaiſies & confiſquées, & que ce qui ſera par Nous ordonné ſera executé nonobstant oppositions ou appellations quelconques; & sans préjudice d'icelles.

NOus ayant égard à ladite remontrance, oüy & ce consentant le Procureur du Roy; Disons que nostre Ordonnance du 14. Novembre dernier, sera incessamment publiée & affichée par tout où besoin sera : Que le Bureau sera étably dans l'Hostel de Ville, où toutes les marchandises seront apportées pour y estre visitées & marquées, suivant les Reglemens de Sa Majesté, registrez en nostre Greffe; duquel Bureau les Jurez auront la clef, si mieux n'aiment y laisser un Garde pour la conservation des marchandises : Que la Jurisdiction pour lesdites Manufactures se tiendra dans la Chambre du Conseil dudit Hostel de Ville, & s'exercera tous les Jeudis matin de chaque semaine, auquel jour du matin, & encore le Lundy depuis une heure de relevée jusques à quatre heures du soir, se fera par tous les Jurez ou la plus grande partie d'iceux, la visite & marque desdites étoffes : Que l'ancienne & nouvelle marque seront aujourd'huy rapportées, pour estre l'ancienne rompuë & la nouvelle établie, qui demeurera dans le Bureau : Et afin d'affermir davantage l'execution desdits Reglemens, & notter d'infamie les contrevenans, ce requerans lesdits le Poupet & Billot, avons ordonné qu'il sera planté devant ledit Hostel de Ville un poteau de la hauteur de neuf pieds, auquel seront attachez des morceaux des pieces de marchandises qui seront trouvées defectueuses en qualité, longueur, largeur & teinture, & qui auront esté confisquées en execution de nos Jugemens, pour y demeurer pendant deux fois vingt-quatre heures, avec le nom & demeure de l'Ouvrier ou Marchand sur qui lesdites étoffes auront esté saisies & confisquées : Et que nostre Ordonnance du 14. Novembre dernier & la presente, seront executées nonobstant oppositions ou appellations quelconques. & sans préjudice d'icelles. Fait & arresté en la Chambre du Conseil de l'Hostel de Ville de Blois, le sixiéme jour de Decembre mil six cens soixante-dix. Ainsi signé, Grimauldet, Mesnard, Baudry, le Poupet, Billot & Guilly Greffier.

Et à l'instant ce requerant lesdits sieurs le Poupet & Billot. Commis pour les Manufactures, le Bureau a esté étably, designé & arresté avec tous les Jurez, Marchands & Ouvriers de cette Ville dans ledit Hostel de Ville; l'ancienne marque rompuë, & la nouvelle établie; & l'endroit où le poteau doit estre planté, designé, & a esté iceluy posé proche la grande porte dudit Hostel de Ville, dont a esté donné acte. Fait & arresté en la Chambre du Conseil dudit Hostel de Ville lesdits jour & an que dessus. Ainsi signé, *Grymauldet, Mesnard, Baudry, le Poupet, Billot & Guilly Greffier.*

ORDONNANCE ET JUGEMENT Consulaire, pour le fait des Manufactures de la Ville de Lyon, qui regle les jours d'Audiences sur le fait desdites Manufactures.

SUR ce qui nous a esté representé & remontré au Consulat par l'Avocat & Procureur General de ladite Ville, que le grand nombre des affaires publiques, dont le Corps Consulaire est presentement chargé, depuis qu'il a plû à Sa Majesté de confirmer & augmenter ses anciennes attributions pour la distribution d'une Justice sommaire & gratuite, tant aux

Marchands & Negocians de ce Royaume, Forains & Estrangers; qu'aux Ouvriers & Artisans de ladite Ville, exigeoit d'une necessité indispensable, qu'outre les jours ordinaires qui ont esté jusqu'à present destinez pour ses Assemblées, il en fut encore choisi un dans la semaine, pour vuider & terminer dans une Audience qui seroit tenuë à cet effet le matin ou le soir, les affaires & matieres concernant les Manufactures & les Reglemens des Arts & Mestiers, & pour y juger les contraventions à iceux; Partant requeroit qu'il plût au Consulat y pourvoir incessamment pour le bien & avantage du public. LE CONSULAT ayant égard ausdites remontrances & ayant consideré qu'il n'y a point de jour dans la semaine qui ne soit utilement & presqu'entierement occupé, soit pour rendre Justice au public sommairement & gratuitement, soit pour tenir les Assemblées Consulaires & y déliberer des affaires communes; sçavoir, le Lundy & le Vendredy pour les Audiences de la Conservation, & y juger les procés des Marchands, soit ausdites Audiences ou à la Chambre du Conseil; le Mardy & Jeudy pour les Assemblées ordinaires & instituées de temps immemorial à l'effet desdites déliberations sur les affaires communes; le Mercredy & le Samedy pour l'exercice de laPolice ordinaire de ladite Ville, dans les Audiences ou autres Assemblées qui se tiennent à cet effet; en sorte qu'il seroit presqu'impossible de prendre d'autre temps pour l'Audience & la decision des affaires concernant les Manufactures & Reglemens des Arts que le matin du Mercredy; A RESOLU ET ARRESTE' qu'à l'avenir, à commencer de Mercredy prochain dix-septiéme du present mois, il sera tenu une Audience & Assemblée expresse pour le fait desdites Manufactures & Reglemens, qui commencera en Esté à huit heures precises du matin des Mercredy de chaque semaine, & en Hyver à neuf, dans laquelle sera pourvû sur toutes les requisitions, remontrances & plaintes que le Commis par Sa Majesté pour l'execution des Reglemens pour lesdites Manufactures aura faites ou voudra faire ; ensemble sur les rapports des Maîtres-gardes & Verbaux de leurs visites, & sur les contraventions & abus qui seront dénoncez, soit par eux ou par ledit Commis ; comme encore les contestations & procés mûs au sujet desdits Reglemens, y seront vuidez & jugez gratuitement, & autant sommairement que faire se pourra, sans toutefois que les affaires de mesme qualité & concernant les mêmes matieres qui requerront celerité puissent estre differées, soit pour l'instruction sommaire, soit pour la decision d'icelles, laquelle en sera faite dans les autres jours de la semaine, selon le cas & la necessité qui en sera connuë, mesme aux deux jours ordinaires destinez pour la tenuë du Consulat. Et sera la presente Declaration publiée & affichée aux Carrefours des places & ruës de la Ville, à ce que personne n'en pretende cause d'ignorance. FAIT au Consulat par Nous Constant de Silvecane, Conseiller du Roy en ses Conseils, President en sa Cour des Monnoyes, Commissaire General de Sa Majesté en ladite Cour, au département de Lyon & autres Provinces, Prevost des Marchands ; Claude Cachet, Escuyer, Seigneur de Montezan, & la Poippe Lurcy, Conseiller au Parlement de Dombes ; Jean Carette ; Alexandre Seguin Avocat en Parlement, cy-devant Conseiller du Roy, Elû en l'Election de Lyonnois ; & Laurent Anisson sieur d'Hauteroche, Eschevins de ladite Ville & Communauté de Lyon, le neuviéme Decembre mil six cens soixante-dix. Signé, DEMOULCEAU.

La susdite Ordonnance a esté affichée, leuë, publiée à haute & intelligible voix, cry public, à son de trompe, dans les lieux, Carrefours & endroits accoûtumez à faire telles & semblables publications en cette ville de Lyon, à ce qu'aucun n'en puisse ignorer. Ce quinziéme Decembre mil six cens soixante-dix, par moy Jean Loüis premier Huissier Audiencier en la Conservation des Privileges Royaux des Foires de Lyon, y demeurant ruë du Bœuf, Paroisse sainte Croix soussigné, & assisté de Maistre Pierre Jacquier Trompette ordinaire de ladite Ville, aussi soussigné,

LOÜIS. JACQUIER.

REGLEMENT FAIT PAR NOUS Maire & Eschevins, Juges des Manufactures en la ville de Troyes, pour les Aulneurs & Courtiers, & les droits sur les marchandises, en presence de Maistre Didier Passavant, Commis general en Champagne.

SUR ce qui nous a esté representé par Maistre Didier Passavant, Commis general des Manufactures en Champagne, qu'au préjudice des Reglemens de Sa Majesté & Jugemens par nous rendus entre les Aulneurs & Courtiers de Draps, qui leur soit fait défenses de faire les deux charges ensemble; neanmoins lesdits Courtiers & Aulneurs continuent de faire lesdites charges: Pourquoy arrester, il a reçû ordre de faire regler par nous les fonctions desdits Aulneurs & Courtiers, mesme de fixer les droits que les uns & les autres auront à l'avenir: Nous requierent d'y pourvoir, nous representant le procés verbal fait par lesdits Aulneurs & Courtiers, en datte du 11. du present mois, l'affaire mise en déliberation; Nous avons fait & arresté les articles qui s'ensuivent, aprés avoir fait venir lesdits Aulneurs & Courtiers, ausquels nous les avons fait entendre, & avant iceux fait tirer au sort pour estre sept d'iceux Aulneurs pendant une année, & les six autres Courtiers.

1. Qu'il n'y aura que sept Aulneurs qui feront les aulnages pendant un an, aprés lequel temps il en sera choisi six d'entre-eux pour estre Courtiers, & l'autre continué un an, à commencer Lundy 15. Decembre 1670.

2. Qu'il n'y aura que six Courtiers qui feront pareillement le courtage pendant un an, aprés lequel temps lesdits Courtiers feront la charge d'Aulneur pendant un an, & ainsi continuer alternativement d'année en année à autre, & ce, à commencer audit quinziéme Decembre audit an.

3. Les Aulneurs aulneront toute sorte de draperie, mesme les droguets qui seront amenez & descendus dans la halle, à la reserve des marchandises qui seront envoyées directement aux Marchands de cette Ville.

4. Sera payé ausdits Aulneurs par les Vendeurs pour droit d'aulnage de chaque piece de marchandise de draperie qu'ils aulneront la somme de trois sols quatre deniers, portée par leurs Statuts; & pour chaque piece de droguets ou tirtaines un sol huit deniers, à la reserve des droguets apprestez & appointez, qui seront envoyez en cette Ville par les Marchands forains ou estrangers, pour lesquels ne sera payé aucun droit d'aulnage.

5. Seront tenus lesdits Aulneurs de mettre à chaque piece qu'ils aulneront un billet, contenant l'aulnage desdites pieces, & le nom de l'aulneur.

6. Et auront lesdits Aulneurs une bourse commune entr'eux.

7. Ne

7. Ne pourront lesdits Courtiers faire courtage ny commission, que lors qu'ils en seront requis par les Marchands Vendeurs, ausquels Vendeurs il sera libre de vendre eux-mesmes leurs marchandises, sans payer aucun droit de courtage.

8. Sera payé ausdits Courtiers pour tout droit de courtage de chaque piece la somme de trois sols quatre deniers, excepté des droguets, pour lesquels ne leur sera payé pour chaque piece qu'ils vendront qu'un sol huit deniers.

9. Auront pareillement lesdits Courtiers une bourse commune entr'eux.

10. Défenses font faites tant aux Marchands qu'aux Façonniers, d'achetter ou vendre directement ou indirectement aucunes étoffes fabriquées en cette Ville, qu'aprés qu'elles auront esté visitées & marquées à la Halle, à peine de confiscation & d'amende.

Et défenses pareillement sont faites tant aux Marchands Vendeurs, Acheteurs, Aulneurs & Courtiers de donner ny recevoir aucune chose, outre les droits portez par le present Reglement, à peine de cinquante livres d'amende.

Fait & arresté en la Chambre de l'Eschevinage, le 12. Decembre 1670. & sera le present Reglement signifié aux Maistres & Gardes des Marchands Merciers, Grossiers, Drapiers; aux Jurez des Drapiers drapans, & Gardes & Jurez des Marchands, qui vendent des marchandises contenuës au present Reglement.

Leuë, publiée à son de trompe, & affichée aux Carrefours, & lieux de cette Ville.

REGLEMENT FAIT PAR LES MAIRE & Eschevins, Juges des Manufactures en la ville de Chartres, pour la visite, marque, aulnage, & droits sur les Marchandises, en la presence de Maistre Estienne Richer, Commis en la Generalité d'Orleans.

Extrait des Registres du Greffe de la Police des Manufactures de Chartres.

OUY les Maistres & Gardes de la Draperie, les Jurez des Tissiers en draps & estamets, & les anciens Jurez de cette Ville, sur chacun chef des articles mis pardevers nous, pour regler leurs differens, & fixer les droits d'aulnages; Nous avons fait & faisons défenses à toutes personnes, Marchands ou Ouvriers, de vendre ny debiter des draps, serges, estamets, doublures, droguets, tirtaines, & autres marchandises de quelque qualité qu'elles puissent estre, lesquelles sont declarées estre sujetes à la marque & visite par les Reglemens de Sa Majesté, ailleurs que dans la Halle establie en l'Hostel commun de cette Ville, à la reserve des serges de deux estains, & autres qui se fabriquent dans cette Ville & Faux-bourgs seulement, lesquelles pourront estre enlevées de la Halle ou Bureau, par les proprietaires d'icelles ou leurs Ouvriers, aprés avoir esté visitées & marquées par les Gardes ou Jurez, ausquels la visite & marque appartient, & aulnées par les Aulneurs Jurez; & au regard des marchandises foraines qui seront apportées dans les Villes, comme fros de Lizieux, serges de Falaize, & autres draps & marchandises qui viennent des païs estrangers, ou hors de la Province, mesme celles qui se fabriquent dans les lieux circonvoisins de cette Ville & dépendance de la marque & visite d'icelle. Nous ordonnons que conformément aux Reglemens du Roy, elles seront directement déchargées dans le Bureau, pour aprés avoir esté veuës, visitées & marquées par les préposez, estre venduës à la Halle & non ailleurs; & en cas qu'il arrive que lesdites marchandises ne puissent estre venduës pendant le temps que se tient la Halle, il sera permis aux Maistres de les retirer aprés qu'ils auront declaré de les vouloir remporter, & non les vendre dans la Ville; & afin qu'il ne survienne à l'avenir plus de contestations entre les Maistres, Ouvriers & Aulneurs, Nous avons reglé les droits d'aulnage pour chacune piece de drap & grosse serge, en grand & petit lay, de la longueur requise par les Reglemens à trois sols, & pour les demy pieces à proportion; au regard des fros, frizes, revêches, & autres marchandises venant du dehors qui se trouveront appointées, ne seront sujettes à estre aulnées, mais seulement les non appointées pour le droit d'aulnage, desquelles sera payé pour chacune piece trois sols, & sera payé pour chacune aulne de droguet, tiretaine & estamine mêlée de fil qui ne seront appointées, un denier seulement pour droit d'aulnage, comme aussi pour chacune piece de deux estains qui se fabriquent à Chartres & dépendance, soit en escur ou foulée douze deniers pour leurdit droit d'aulnage, & seront tenus lesdits Aulneurs de parapher le billet, contenant la quantité des aulnes qui se trouveront en la piece par eux aulnée, leur enjoignant de se trouver avec les Gardes, Jurez & Contrôlleurs au Bureau & Halle qui sera ouverte depuis neuf heures jusques à onze le matin, & depuis deux jusques à quatre le soir, & de vaquer incessamment à faire lesdits aulnages des marchandises cy-dessus specifiées, à peine d'amende tant contre lesdits Gardes que Jurez, Contrôlleurs & Aulneurs qui se trouveront avoir contrevenu audit Reglement, lequel sera executé nonobstant oppositions & appellations quelconques, sans préjudice d'icelles, pourquoy ne sera differé. Donné en l'Hostel & Chambre de la ville de Chartres, par Messieurs Rat, Stives, le Beau, Tallove, Maubuisson & Corbeil, Eschevins & Juges desdites Manufactures, present Maistre Estienne Richer, Commis General, le Mardy neuf Decembre 1670. aprés midy. Signé, AUGUESTIN, Greffier.

ORDONNANCE DU CONSEIL & Police des Manufactures de la ville de Reims, qui permet sous le bon plaisir du Royaux Ouvriers de faire à l'aiguille & avec de la laine leurs noms au chef & bout de chacune piece de serges, razes & estamines seulement, sans tirer à consequence pour les autres étoffes.

SUR les plaintes & remontrances qui Nous ont esté faites, & plusieurs fois reïterées par les Maîtres Sergers, Estaminiers, Ouvriers & Manufacturiers de cette Ville & lieux circonvoisins, travaillans de serges, razes & estamines, que les articles trente-neuf & cinquante-un du Reglement general des Manufactures, verifié en la Cour de Parlement au mois d'Aoust 1669. qui les oblige de mettre leurs noms sur le chef & premier bout de chacune piece de marchandise fait sur le mestier & non à l'aiguille, les reduisent à une impossibilité de travailler à l'avenir, & enfin les contraindra d'abandonner le païs & leurs familles; ce qui procede, non seulement de ce que la plûpart d'entr'eux qui ſont pauvres gens & peu inſtruits, ne ſçavent lire ny écrire, n'ont aucune experience pour titre ſur les meſtiers, & n'y peuvent parvenir, quoy que depuis ſept ou huit mois en ça ils s'y ſoient eſtudiez, & fait leurs efforts pour en trouver les moyens, mais encore pour la conſideration de ce que leſdites étoffes eſtant fines & delicates, ne peuvent ſouffrir la tiſſure, comme des draps qui ſont plus groſſiers, ſans un intereſt notable de l'Ouvrier, tant à cauſe du long temps qu'il conſommeroit, que par la conſideration des fractures qui ſe feroient au bout des pieces à cauſe de leurs delicateſſes.

NOus aprés avoir pris connoiſſance des remontrances & du dommage que leſdits Manufacturiers ſouffriront, oüy pluſieurs notables Marchands, Maiſtres Jurez, Sergiers & Façonniers & Foulons, pour ce mandez en l'Hoſtel de Ville, l'épreuve qui a eſté faite en nos preſences, du Procureur Syndic, deſdits notables Marchands, des Maiſtres Jurez Sergiers, Façonniers, Ouvriers & Foulons, par laquelle il a eſté reconnu que la marque de laine faite à l'aiguille ne s'emporte point à la foullerie, qu'elle y demeure & ne change en aucune façon. Avons ſous le bon plaiſir du Roy, par forme & maniere de proviſion, & ſans tirer à conſequence, au regard des autres marchandiſes, & pour éviter la ruïne des pauvres Manufacturiers, & enſuite celle du Commerce, & prévenir les autres inconveniens qui pourroient ſurvenir; permis auſdits Manufacturiers, Façonniers & Ouvriers, tant de cette Ville que des lieux circonvoiſins, de faire à l'aiguille & avec la laine leurs noms au chef & bout de chacune piece de ſerges, razes & eſtamines qu'ils façonneront, ſans qu'elles puiſſent eſtre saisies ny arrestées, pour le défaut de n'estre pas lesdits noms tissus & fait sur les mestiers, conformément ausdits articles du Reglement, & ce jusques à ce qu'autrement par Sa Majesté il en ait esté ordonné. Et afin que personne n'en ignore, sera la presente Permission leuë, publiée & affichée par les Carrefours & lieux publics de cette Ville, mesme à la place de S. Pierre, lieu où se vendent lesdites serges, étamines & chesnes, & copies signées du Greffier de l'Hostel de Ville envoyées par tout où il appartiendra, & délivrées à ceux qui l'en requereront & en auront besoin, pour eux servir en temps & lieu, ce que de raison. Fait & arresté en la Chambre du Conseil de l'Hostel de Ville de Reims, par Nous Juges des Manufactures, ce jourd'huy Vendredy 5. Decembre 1670. Ainsi signé, Dallier, Bachelier, Thiery, J. Coquebert, R. Hachette, L. Roland, Jean Rogier Juges, & Hillet Syndic. Signé, GRAILLET.

ORDONNANCE DES PREMIER & Eschevins de la ville d'Amiens, pour l'apprest & la marque des marchandises foraines envoyées en ladite Ville.

SUR ce que le Procureur du Roy de la Ville nous a remontré, qu'ayant depuis quelque temps par des raisons particulieres toleré la teinture & l'apprest des marchandises foraines en cette Ville, quoy que cela ait esté toûjours défendu par les Reglemens & nommément par ceux de l'année 1666. homologuez au Conseil, cela a donné lieu aux Marchands, tant de dehors, que de cette Ville, d'y faire venir une grande quantité de marchandises defectueuses pour y estre apprestées, se persuadant que lesdites marchandises n'estant point fabriquées en cette Ville, sont exemptes des regles qui s'y observent, & ne sont point sujetes aux visites des Esgards aprés l'apprest, lequel abus s'il estoit toleré, détruiroit absolument le bon ordre que les nouveaux Reglemens de Sa Majesté ont estably dans les Manufactures, & donneroit lieu aux Maistres Ouvriers Saiteurs de cette Ville de se relâcher à l'exemple des forains, dont ils verroient journellement les fautes demeurer impunies, requerant ledit Procureur du Roy y estre pourvû. Sur quoy faisant droit, Nous avons ordonné que toutes les étoffes & marchandises foraines envoyées en cette Ville, pour y estre foulées, teintes & aprestées, seront au sortir de leur apprest portées directement dans la Halle en noir, pour y estre visitées & marquées par les Esgards, si elles se trouvent de la qualité requise par les Reglemens, sinon saisies par lesdits Esgards. Faisons défenses à tous Marchands de les recevoir en leurs maisons, boutiques & magazins, ny de les exposer en vente sans ladite marque de la Halle en noir, & celle du Teinturier, à peine de confiscation, & de vingt livres d'amende; & sera nostre presente Ordonnance leuë, publiée & affichée aux Halles & Carrefours ordinaires, à ce que personne n'en pretende cause d'ignorance. Fait en l'Hostel de Ville le deux Janvier 1671.

ORDONNANCE DES MAIRE & Eschevins de la ville de Tours, pour assembler les Gardes & Jurez, & principaux Marchands des Communautez, afin de tenir Conseil de Police pour les Manufactures, suivant les Reglemens d'icelles.

LES Maire & Eschevins de la ville de Tours, Juges de Police des Manufactures : Sur ce qui Nous a esté representé par le sieur de Grescourt, Commis par Monseigneur Colbert, pour la reformation des Manufactures & teintures des étoffes de soye & laine en cette Generalité de Tours; que dans les Statuts & Reglemens des Communautez sujettes à nostre Jurisdiction; il est porté en termes exprés, que pour rechercher d'autant plus les moyens de perfectionner lesdites Manufactures & teintures, & en augmenter le commerce dans toutes les Villes du Royaume; Nous devons faire assembler devant Nous, au mois de Janvier de chacune année, les Gardes & Jurez de toutes lesdites Communautez, avec des Anciens qui ont passé par les Charges, & autres personnes notables & intelligentes dans ledit commerce, tels que nous voudrons choisir : Et que d'ailleurs par l'Article XLII. de sa Commission, en forme d'instruction à luy donnée par mondit Seigneur Colbert, il est aussi porté que ledit Conseil de Police sera tenu en la maniere cy-dessus, pour déliberer & arrester des moyens les plus raisonnables & avantageux, pour l'execution desdits Reglemens, perfection desdites Manufactures & teintures, & augmentation du commerce d'icelles : Pourquoy il requiert que Nous ayons à ordonner, que ledit Conseil de Police sera tenu inceſſamment dans l'Hoſtel commun de cette Ville, aux jours & heures par Nous deſtinez ; & qu'à cet effet, il ſera enjoint aux Gardes & Jurez deſdites Communautez, & autres qui ſeront par Nous nommez d'office, d'y aſſiſter auſdits jours & heures.

Sur quoy, décernant Acte audit de Greſcourt de ſa remontrance & requiſition ; Avons ordonné que les

ſeront aſſignez à la diligence dudit ſieur de Greſcourt à comparoir prochain heures d audit Hoſtel de Ville, pour aſſiſter audit Conſeil de Police des Manufactures. Mandons au premier Sergent de cet Hoſtel, ou autre Royal ſur ce requis, faire tous Exploits neceſſaires pour l'execution de noſtre preſente Ordonnance. Donné en la Chambre du Conſeil de l'Hoſtel de Ville de Tours, le 8. jour de Janvier 1671. Signé, BOURASSÉ, Greffier.

L'An mil ſix cent ſoixante-onze, le jour de A la requeſte dudit ſieur de Greſcourt, nommé en l'Ordonnance, dont copie eſt cy-deſſus ; J'ay Sergent

demeurant en cette ville de Tours, Paroiſſe de donné jour & aſſignation à

en parlant à à comparoir prochain, heures d en l'Hoſtel commun de cette ville de Tours, pour aſſiſter audit Conſeil de Police, ſuivant & au deſir de ladite Ordonnance. Fait par moy les jour & an que deſſus.

ARREST DU CONSEIL D'ETAT DU ROY,

CONCERNANT LA JURISDICTION des Manufactures, en faveur des Maires & Eschevins des Villes du Royaume.

du 27. Juillet 1670.

Extrait des Registres du Conseil d'Etat.

LE Roy estant informé que les Officiers des Presidiaux & d'autres Justices ordinaires d'aucunes Villes de son Royaume, font des entreprises sur la Jurisdiction des Manufactures qui est attribuée aux Maire & Eschevins, par Declaration de Sa Majesté du mois d'Aoust 1669. ce qui empêche les fonctions desdits Maire & Eschevins, & retarde l'observation des Reglemens generaux desdites Manufactures, dont l'execution leur est commise : A quoy desirant pourvoir, & donner ausdits Maire & Eschevins toute protection. SA MAJESTE' ESTANT EN SON CONSEIL ROYAL DE COMMERCE, a ordonné & ordonne, que le Reglement pour la Jurisdiction des Manufactures attribuée aux Maire & Eschevins, sera executé selon sa forme & teneur; défenses aux Officiers des Presidiaux & tous autres d'y contrevenir, ny rien entreprendre sur ladite Jurisdiction, troubler ny empêcher lesdits Maire & Eschevins en l'exercice d'icelle, directement ny indirectement, à peine d'interdiction, & de mil livres d'amende; & à tous Marchands & Ouvriers de se pourvoir pour raiſon deſdites Manufactures, circonſtances & dépendances, enſemble des comptes des Communautez que pardevant leſdits Maire & Eſchevins, à peine de cinq cens livres d'amende; & à tous Huiſſiers & Sergens de donner aucunes aſſignations pour le même fait pardevant autres Juges, ſur les meſmes peines & d'interdiction. Enjoint Sa Majeſté auſdits Maire & Eſchevins de vaquer inceſſamment à l'exercice de ladite Juriſdiction, & de tenir la main à l'execution des Reglemens generaux des Manufactures; & aux Maiſtres des Requeſtes départis par Sa Majeſté dans les Provinces, de leur donner toute protection neceſſaire. Ordonne Sa Majeſté, qu'à la diligence deſdits Maire & Eſchevins, les Contrevenans au preſent Arreſt, ſeront aſſignez au Conſeil en vertu d'iceluy, pour voir declarer leſdites peines encouruës contre eux; & ſera ledit Arreſt lû, publié & affiché par tout où beſoin ſera, & executé nonobſtant oppoſitions ou appellations quelconques, dont ſi aucunes interviennent, Sa Majeſté s'eſt reſervée la connoiſſance en ſondit Conſeil Royal de Commerce, & icelle interdite à toutes autres Cours & Juges. FAIT au Conſeil d'Etat du Roy, Sa Majeſté y eſtant, tenu à ſaint Germain en Laye le vingt-ſeptiéme jour de Juillet mil ſix cens ſoixante-dix. Signé, COLBERT.

ARREST DU CONSEIL D'ETAT,

QUI ORDONNE DES PEINES contre les Marchands & Ouvriers qui fabriquent & exposent en vente des Marchandises défectueuses, & non conformes aux Reglemens.

Du 24. Decembre 1670.

Extrait des Registres du Conseil d'Etat.

LE Roy estant informé, que nonobstant les peines pecuniaires ordonnées par les nouveaux Reglemens des Manufactures de Soye, Laine, Poil, Fil & Cotton, & par les Ordonnances des Juges sur le fait desdites Manufactures contre ceux qui y contreviennent, plusieurs Marchands & Ouvriers fabriquent & exposent en vente des Marchandises défectueuses, en leur longueur, largeur, teinture & qualité, dont le public reçoit un préjudice notable, qui ne se peut empêcher que par l'établissement de quelque peine plus severe que les premieres. Et Sa Majesté desirant y pourvoir : Ouy le rapport du Sieur Colbert, Conseiller ordinaire au Conseil Royal, Contrôlleur General des Finances : SA MAJESTÉ ESTANT EN SON CONSEIL ROYAL DE COMMERCE, a ordonné & ordonne, que les Estoffes manufacturées en France, qui seront défectueuses & non conformes aux Reglemens, seront exposées sur un Poteau de la hauteur de neuf pieds, avec un Ecriteau contenant le nom & surnom du Marchand, ou de l'Ouvrier trouvez en faute; lequel Poteau, avec un Carcan, sera pour cet effet incessamment posé à la diligence des Procureurs ou Syndics des Hostels de Ville, & autres Jurisdictions sur le fait des Manufactures, & aux frais des Gardes & Jurez des Communautez des Marchands & Ouvriers, devant la principale porte où les Manufactures doivent estre visitées & marquées, pour y demeurer les marchandises jugées défectueuses, pendant deux fois vingt quatre heures; lesquelles passées, elles en seront ostées par celuy qui les y aura mises, pour estre ensuite coupées, déchirées, brûlées, ou confisquées, suivant qu'il aura esté ordonné. Et en cas de recidive, le Marchand ou l'Ouvrier qui seront tombez pour la seconde fois en faute sujete à confiscation, seront blâmez par les Maîtres & Gardes, ou Jurez de la Profession en pleine assemblée du Corps, outre l'exposition de leurs marchandises sur le Poteau en la maniere cy-dessus ordonnée : & pour la troisiéme fois, mis & attachez audit Carcan avec des échantillons des marchandises sur eux confisquées, pendant deux heures. Ordonne en outre Sa Majesté, que les Gardes & Jurez préposez à la visite & marque des Manufactures auront un Livre, dans lequel ils transcriront tous lesdits Jugemens; & que ceux nommez d'office pour lesdites visites & marque se rendront aux Halles & Bureaux où elles se devront faire aux jours & heures prises à cet effet, à peine de quatre livres d'amende contre chacun pour chaque fois qu'ils y manqueront sans excuse legitime; & que les Eschevins des Villes & autres faisans mesmes fonctions assisteront ausdites visites & marque, chacun à tour de rôlle par semaine, sous pareille peine. Enjoint Sa Majesté aux Juges sur le fait desdites Manufactures, de se conformer dans leurs Jugemens au present Arrest, & de tenir la main à l'execution d'iceluy, à peine d'en répondre en leurs privez noms. Et sera ledit Arrest lû, publié, affiché,

& executé par tout où il appartiendra, & registré en tous les Greffes des Jurisdictions sur le fait des Manufactures, & des Juges Consuls, & sur les Livres des Communautez des Marchands & Ouvriers de toutes les Villes & Bourgs du Royaume, à la diligence des Procureurs de Sa Majesté, ou Syndics dans lesdites Jurisdictions, qui certifieront le Conseil de leurs diligences dans deux mois, sur peine de cinq cens livres d'amende; le tout nonobstant oppositions ou appellations quelconques, dont si aucunes interviennent, Sa Majesté se reserve la connoissance & à son Conseil, & l'interdit à toutes ses Cours & autres Juges. Veut sa Majesté qu'aux copies collationnées du present Arrest par l'un de ses Conseillers & Secretaires, foy soit ajoustée comme à l'Original. Fait au Conseil Royal du Commerce, Sa Majesté y estant, tenu à Paris le vingt-quatriéme jour de Decembre mil six cens soixante-dix. Signé, Colbert.

ARREST DU CONSEIL D'ETAT DU ROY,

QUI ORDONNE QUE LES MAIRE & Eschevins des Villes connoistront en premiere instance, privativement à tous autres Juges, des Rebellions qui seront faites aux Gardes & Jurez des Communautez des Marchands & Ouvriers, Commis & Huissiers dans l'Exercice de leurs fonctions, sur le fait des Manufactures, où il n'écherra de peine afflictive & infamante.

Du 15. Mars 1671.

Extrait des Registres du Conseil d'Etat.

LE Roy s'estant fait representer sa Declaration du mois d'Aoust 1669. registrée en sa presence en sa Cour de Parlement de Paris, contenant, que les Maire & Eschevins, Capitouls, Jurats & autres Officiers ayans pareilles fonctions dans les Hostels de Ville de son Royaume, connoistront en premiere instance, privativement à tous autres Juges, des differens mûs & à mouvoir entre les Ouvriers employez aux Manufactures d'or, d'argent, soye, laine & fil, & entre les Marchands & lesdits Ouvriers pour raison des longueurs, largeurs, qualitez, teintures, blanchissages, visites & marques desdites marchandises, qualitez des laines, peines & salaires des Ouvriers, & des comptes des Gardes & Jurez des Communautez desdits Marchands & Ouvriers, pour estre le tout jugé sommairement, gratuitement, & sans frais, jusques à la somme de cent cinquante livres en dernier ressort & sans appel, & par provision à quelque somme que ce puisse estre, nonobstant l'appel, & quoy qu'aux termes de ladite Declaration lesdits Maire & Eschevins doivent connoistre des procés concernant les rebellions, qui se font lors que les Gardes & Jurez, Commis & préposez, faisant leurs visites desdites Manufactures, se mettent en devoir de saisir celles qu'ils trouveront défectueuses, & des rebellions qui se font aux Huissiers & Sergens qui executent les Sentences renduës par lesdits Maire & Eschevins, estant juste que les incidens criminels émanez du Civil, appartiennent au Juge Civil, particulierement lors que l'action ne merite pas une peine afflictive ou infamante; neanmoins les Officiers des Justices ordinaires prétendent connoistre desdites rebellions, & à ce sujet troublent la Jurisdiction sur le fait desdites Manufactures. Et dautant que lesdites contestations forment des conflits de Jurisdiction entre les Juges ordinaires, & les Maire & Eschevins qui retardent l'observation des Reglemens sur le fait des Manufactures, & engagent les Gardes & Jurez en des grands frais, & les pourroit obliger à se relâcher de l'exactitude qu'ils sont tenus d'apporter dans les visites & marques des marchandises : Sa Majesté desirant y pourvoir ; oüy le rapport du Sieur Colbert Conseiller ordinaire au Conseil Royal, & Contrôlleur General des Finances : SA MAJESTÉ ESTANT EN SON CONSEIL ROYAL DE COMMERCE, interpretant en tant que besoin seroit, sa Declaration du mois d'Aoust 1669. a ordonné & ordonne que les Maire & Eschevins des Villes, Jurats, Capitouls, & autres Officiers ayant pareille fonction dans les Hôtels de Ville du Royaume, connoistront en premiere instance,

instance, privativement à tous autres Juges, des rebellions qui seront faites aux Gardes & Jurez des Communautez des Marchands & Ouvriers dans dans l'exercice de leurs fonctions; & aux Huissiers, & Sergens commis & préposez à la visite, marque & saisie des Manufactures & Mestiers, ensemble de celles qui se commettront à l'execution de leurs Sentences, qu'ils en pourrout informer, decreter contre les accusez, & les condamner en telle reparation pecuniaire que le cas meritera, mesme en une aumône arbitraire, & en une amende jusques à la somme de dix livres seulement; faisant Sa Majesté, défenses à tous autres Juges d'en connoistre, à peine d'interdiction, & aux Parties de se pourvoir, pour raison de ce, pardevant autres Juges que lesdits Maire & Eschevins; à peine de nullité, cassation des procedures, & de cinq cens livres d'amende, sauf, si le fait requeroit, une amende plus forte, ou qu'il échût peine afflictive ou infamante, de renvoyer les informations, & de laisser la connoissance entiere aux Juges ordinaires qui en doivent connoistre; & sera le present Arrest executé, nonobstant oppositions ou appellations quelconques, dont si aucune interviennent, Sa Majesté s'en reserve la connoissance & à son Conseil, & l'interdit à toutes ses Cours & autres Juges. Veut Sa Majesté qu'aux copies collationées du present Arrest, par l'un de ses Conseillers & Secretaires, foy soit ajoûtée comme à l'original. FAIT au Conseil d'Etat du Roy, Sa Majesté y estant, tenu à saint Germain en Laye le quinziéme jour de Mars mil six cens soixante-onze. Signé, COLBERT.

ARREST DU CONSEIL D'ETAT DU ROY,

Du 3. Aoust 1671.

Qui ordonne que les Laines & Fils ne pourront estre teints en bleu & noir que par les Teinturiers; défenses aux Drapiers drapans & Sergers de s'immisser à faire lesdites teintures, ny d'avoir en leurs maisons aucuns ingrediens propres pour icelles, à peine de confiscation, & de cinquante livres d'amende; & que pour connoistre la qualité de ladite teinture, il sera nommé des Marchands Drapiers, des Drapiers drapans, & des Sergers pour aller en visite chez les Teinturiers pour visiter les laines & fils teints, & saisir ceux dont les teintures seront défectueuses.

Extrait des Registres du Conseil d'Etat.

VEu par le Roy en son Conseil le Jugement rendu le 7. Juillet dernier par les Juges établis pour le fait des Manufactures de la ville de Rheims, sur les contestations survenuës entre les Maistres Jurez du Mestier de Sergers, Estamiers, Peigneurs de laines, & Drapiers drapans de ladite Ville; les Maîtres Jurez Teinturiers du petit teint, pour raison de la teinture des fils & laines qui sont employées ausdites Manufactures par lesdits Drapiers. Lesdits Maîtres Jurez Teinturiers prétendans que les Sergers, Estamiers & Drapiers ne peuvent teindre en noir, mais seulement en couleur de musc, gris de souris &

triſtamie, conformément à l'article 38. du Reglement general des Teintures, par lequel jugement les parties ont eſté renvoyées au Conſeil pour leur eſtre pourvû, ainſi qu'il appartiendra par raiſon. Veu auſſi l'Arreſt du Parlement du 18. Decembre 1663. rendu entre leſdits Drapiers & Teinturiers ; le Reglement general des Teintures du mois d'Aouſt 1669. le dix-huitiéme article des Statuts des Manufactures de ladite Ville, confirmez par Arreſt dudit Conſeil du 13. Septembre audit an 1669. & oüy le rapport du ſieur Colbert Conſeiller ordinaire au Conſeil Royal, Contrôlleur general des Finances. LE ROY EN SON CONSEIL, a ordonné & ordonne, qu'aprés que les laines & fils qui s'employent aux Manufactures de ladite ville de Rheims & autres lieux, auront eſté teintes en bleu, la teinture en noir n'y pourra eſtre donnée que par les Teinturiers du petit Teint : Fait tres expreſſes deffenſes aux Drapiers drapans & Sergers de s'immiſcer de teindre aucunes laines & fils en noir, ny d'avoir en leurs maiſons aucuns ingrediens propres pour ladite teinture, à peine de confiſcation, & de cinquante livres d'amende. Ordonne Sa Majeſté que les Teinturiers tiendront regiſtre des laines & fils qui ſeront par eux teints en bleu & noir ; & pour connoiſtre ſi leſdites teintures ſeront faites en conformité des Reglemens & Inſtructions, il ſera nommé des Marchands Drapiers, & des Drapiers drapans & Sergers pour aller en viſite chez les Maîtres Teinturiers, & faire ſaiſir les laines & fils dont les teintures ſe trouveront défectueuſes. Enjoint Sa Majeſté aux Juges des Manufactures de ladite Ville de tenir la main à l'execution du preſent Arreſt, qui ſera executé nonobſtant oppoſitions & autres empêchemens quelconques. FAIT au Conſeil d'Etat du Roy, tenu à Paris le troisiéme jour d'Aoust mil six cens soixante-onze. Signé, RANCHIN.

INSTRUCTION

POUR L'EXECUTION DE L'ARREST du Conseil d'Etat du 3. Aoust 1671. qui ordonne que les laines & fils ne seront teints en bleu & noir que par les Teinturiers; & deffenses aux Drapiers drapans & Sergers de s'immiscer à faire lesdites teintures, ny d'avoir en leurs maisons aucuns ingrediens propres pour lesdites teintures.

LA fausse teinture de la laine & du fil de blanc en noir estant une tromperie publique, qui altere notablement la beauté & la bonté des étoffes où elle est employée, & qui en a décrié le Commerce dans les pays estrangers, & pourroit l'aneantir dans le Royaume, s'il n'y estoit pourvû, on a esté obligé de rechercher soigneusement la cause d'un mal si important, & le moyen d'y remedier; & ayant reconnu qu'il procedoit non seulement du défaut de la teinture en bleu, avant que de donner celle en noir ausdites laine & fil, mais aussi de l'incapacité des Ouvriers, qui ne sçauroient bien faire la teinture en bleu ny en noir, pour n'avoir fait aucun apprentissage dans la teinture, & n'en connoissans les drogues, ny de ne pouvoir tenir dans leurs maisons les fourneaux, chaudieres, & autres ustancilles commodes & necessaires pour les teintures; & que d'ailleurs leur avidité à un gain illicite, les porteroit toûjours aveuglément à faire les teintures de blanc en noir pour épargner la dépense de la teinture en bleu, ou celle d'un bon racinage, quoy que ce qu'il en coûteroit pour le faire, ne seroit pas la dixiéme partie du prix dont les étoffes augmenteroient en beauté & bonté.

Et quand mesme les Ouvriers auroient la capacité, & toutes les commoditez necessaires pour bien faire lesdites teintures en leurs maisons, il y auroit grande raison de les en exclure, à cause que s'ils avoient cette liberté, l'on ne pourroit jamais corriger leurs abus, estant impossible de visiter les laines qu'ils teindroient, vû le grand nombre d'Ouvriers qu'il y a dans tous les lieux des Manufactures, & qu'il seroit facile à chacun d'eux de cacher dans leurs maisons les laine & fil qu'ils auroient faussement & mal teints, & de ne mettre en évidence aux Jurez qui feroient les visites que quelque petite partie de laine & fil qu'ils auroient expressément bien teints pour en faire montre. Dont pour cette raison ils ne feroient jamais l'employ dans leurs Manufactures, ou bien par une surprise inévitable les laines & fils mal teints seroient employez par les Ouvriers dans leurs Manufactures; avant que les Jurez pûssent retourner en visite en leurs maisons.

Par toutes ces raisons on auroit reconnu que le seul & unique moyen pour remedier à tous ces abus estoit d'exclure les Drapans, Sergers & Estamiers de tout le Royaume de faire aucunes teintures en bleu, noir, ny autres couleurs, & de les faire faire par les Teinturiers & non autres; & ayant examiné la proposition de plusieurs Drapans & Sergers de leur permettre ladite teinture en noir, aprés qu'ils auroient fait faire celle en bleu par les Maistres Teinturiers, on auroit remarqué qu'elle estoit captieuse, & que ce seroit tomber dans le premier abus, si on accordoit ausdits Façonniers de teindre en noir, dautant qu'on ne pourroit pas les empêcher de teindre de blanc en noir, & d'employer des laines & fils ainsi mal teints autant qu'ils voudroient avec une petite partie de celles teintes de bleu en noir, sans qu'on pût jamais les convaincre de cette tromperie. Au lieu que lesdites teintures de bleu & de noir se faisans par les Maistres Teinturiers qui sont en petit nombre, il sera tres facile de les visiter & de veiller à leur conduite; joint que chaque Ouvrier par son propre interest & par la jalousie qu'il aura contre les Teinturiers, ne manquera de bien examiner la qualité des teintures de sa laine & de son fill, & d'en faire ses plaintes s'il y remarquoit de la défectuosité. A quoy on pourroit ajoûter que la capacité des Maîtres Teinturiers, les commoditez qu'ils ont pour teindre en leurs maisons, & la grande quantité de laine qu'ils teindront ensemble bonnifiera de beaucoup lesdites teintures, & en diminuëra le prix. C'est pourquoy l'on auroit rejetté ladite proposition, & l'on se seroit renfermé à ne permettre lesdites teintures de bleu en noir, & autres couleurs qu'aux Maistres Teinturiers, à la charge qu'ils les feront suivant ladite Instruction generale pour les teintures: laissant neanmoins la faculté aux Maistres Drapiers & Sergers de teindre leurs laines en couleur de musc ou de noisette, de gris de souris & de tristamie avec écorce & racine de noyer ou coques de noix, soit pour les emplois desdites couleurs, ou pour servir de pied au noir, dont le rabat sera donné par lesdits Teinturiers; & pour contenir lesdits Teinturiers dans leur devoir, on a jugé necessaire de les faire visiter par des Marchands Drapiers & par lesdits Drapans & Sergers.

C'est par tous ces motifs que le Conseil a donné Arrest le 3. Aoust 1671. sur la contestation pour lesdites teintures entre les Drapans & Sergers, & les Teinturiers de la ville de Reims, & qui doit estre executé dans tous les autres lieux du Royaume, par lequel est ordonné qu'aprés que les laine & fil qui s'employeront aux Manufactures de ladite ville de Reims & autres lieux du Royaume, auront esté teints en bleu, la teinture en noir n'y pourra estre donnée que par les Teinturiers du petit teint. Défense aux Drapiers drapans & Sergers de s'immiscer de teindre aucunes laine & fil en noir, ny d'avoir dans leurs maisons aucuns ingrediens propres pour ladite teinture, à peine de confiscation, & de cinquante livres d'amende; ordonné que les Teinturiers tiendront registre des laine & fil qui seront par eux teints en bleu & noir; & pour connoistre si lesdites teintures seront faites en conformité des Reglemens & Instructions, qu'il sera nommé des Marchands Drapiers & des Drapiers drapans & Sergers pour aller en visite chez les Maistres Teinturiers, & faire saisir les laines & fils dont les teintures se trouveront défectueuses.

Primò. Pour bien executer cet Arrest, il le faut faire registrer dans tous les Greffes des Hostels des Villes, sur les livres des Communautez des Marchands Drapiers, des Merciers, des Teinturiers, des Drapiers drapans & Sergers, & que les Gardes & les Jurez de toutes lesdites Communautez distribuent copie dudit Arrest, & de la presente Instruction à tous les Maistres de leur Communauté.

Secundò. Il faudra que les Maistres Teinturiers tant de bon teint que du petit teint, fassent leurs soumissions au Greffe de l'Hostel de Ville de leur demeure, de teindre les laines qui leur seront envoyées en conformité de l'Instruction generale pour les teintures, & de demeurer responsables de la bonté desdites teintures devant & aprés l'employ des laine & fil dans les Manufactures; comme aussi de rendre lesdites laine

& fil teints aux Façonniers dans un temps prefix, lequel il faudra regler le plus bref qu'on pourra, afin que lesdits Façonniers ne reçoivent aucun dommage du retardement qu'on pourroit apporter à les leur rendre.

Tertiò. Pour sçavoir les poids des laine & fil, & du jour qu'ils auront esté envoyez pour teindre & qu'ils seront rendus, il sera tenu fidele registre par les Teinturiers, lequel sera paraphé par l'un desdits sieurs Eschevins, & autant que faire se pourra. Les Teinturiers teindront en mesme chaudiere les laines de chacun Façonnier en un reseau, lesquelles seront pesées chez lesdits Teinturiers, auquel reseau sera mis un plomb où sera inscrit le nom de celuy auquel appartiendra le reseau, à ce que le mesme poids se trouve. Lesdites laines estant teintes & seichées par l'Ouvrier, & de rendre fidelement à un chacun celles qui leur appartiendront, estant auparavant bien lavées & égoutées.

Quartò. Pour empêcher que les Teinturiers n'exigent un prix excessif des Ouvriers pour lesdites Teintures, lesdits sieurs Maire & Eschevins les feront assembler devant eux avec les Gardes des Marchands, & les Jurez des Ouvriers de toutes lesdites Communautez, pour regler équitablement le prix desdites teintures, tous les six mois une fois, suivant le prix & le cours des drogues.

Quintò. Lesdits sieurs Maire & Eschevins nommeront d'office le nombre des Marchands Drapiers & des Maistres Drapans & Sergers qu'ils jugeront necessaires pour visiter conjointement les laines & les fils teints, & les ingrediens dans les maisons des Teinturiers, & faire saisir ceux qu'ils trouveront défectueux, & l'un desdits sieurs Eschevins assistera ausdites visites une fois le mois au moins.

Sexto. Il faudra empêcher que lesdits Drapans, Sergers ny autres personnes que les Maistres Teinturiers s'ingerent de teindre les laines & fils en bleu & noir, ny autres couleurs, ny qu'ils ayent dans leurs maisons aucuns ingrediens propres pour lesdites teintures, & s'ils en ont les faire saisir, si ce n'est qu'ils ayent privilege particulier pour ce faire ; à cet effet, les Jurez Teinturiers pourront aller en visite dans les maisons desdits Drapiers & Sergers & autres qui s'ingereront de faire lesdites teintures.

Observer neanmoins que les Drapans & Sergers suivant le Reglement general des Teintures du mois d'Aoust 1669. pourront raciner les laines avec racines ou écorces de noyer, & coques de noix en suffisante quantité, en couleurs de musc, de gris de souris & de tristamie.

ARREST DU CONSEIL D'ETAT DU ROY,

Du 18. *Novembre* 1673.

Contre les Eschevins qui ne jugeront pas en conformité des Reglemens generaux des Manufactures.

Extrait des Registres du Conseil d'Etat.

SUR ce qui a esté representé au Roy en son Conseil, qu'encore que par les Reglemens generaux des Manufactures, les peines de confiscation & d'amende soient suffisamment expliquées pour les contraventions qui sont faites à iceux, & suivant les cas :

neanmoins les Maires, Eschevins, & autres Juges, ausquels la connoissance en est attribuée en premiere instance, ne laissent pas de donner des Jugemens sur les plaintes pardevant eux en contravention, par lesquelles ils prononcent; à l'égard des confiscations & amendes, comme bon leur semble, sans s'arrester en aucune maniere aux peines portées par lesdits Reglemens, en sorte que les Marchands, Ouvriers & Teinturiers, & particulierement ceux des Provinces de Normandie, Champagne, Orleanois, Bourgogne, Poictou & Dauphiné, contreviennent journellement en la longueur, largeur, teinture, qualité & bonté des étoffes, se confians, en cas qu'ils soient trouvez en fraude, qu'ils en seront quittes pour quelque amende de quinze ou trente au sols au plus, au lieu de celle de cinquante & cinq cens livres, portée par lesdits Reglemens, qui doivent estre suivis par lesdits Juges, à peine d'en répondre en leurs propres & privez noms; & d'ailleurs ils sont asseurez qu'ils n'auront aucune Partie pour relever appel de ces Sentences, les Maîtres & Gardes n'en poursuivant aucun; ce qui pourroit par la suite détruire, & apporter quelque préjudice à l'execution desdits Reglemens. A quoy necessaire de pourvoir : Oüy le rapport du sieur Colbert, Conseiller ordinaire au Conseil Royal, Contrôlleur General des Finances : SA MAJESTÉ EN SON CONSEIL a ordonné & ordonne, que les Reglemens generaux des Manufactures du mois d'Aoust 1669. pour les longueurs, largeurs, teintures & marques des étoffes, ensemble les Arrests du Conseil en interpretation d'iceux, seront executez selon leur forme & teneur; & en consequence, que les Maires, Eschevins, Jurats, Consuls, Capitouls, & autres Juges ausquels la connoissance en est attribuée en premiere instance, jugeront en conformité d'iceux, à peine de répondre en leurs propres & privez noms des amendes & confiscations qu'ils auroient dû prononcer, & d'interdiction. Enjoint Sa Majesté aux Commissaires départis dans ses Provinces, de tenir la main à l'execution desdits Reglemens, & du present Arrest, qui sera executé, nonobstant oppositions ou empeschemens quelconques, dont si aucuns interviennnent, Sa Majesté s'en reserve à elle & à son Conseil la connoissance, icelle interdit & deffend à tous autres Juges. FAIT au Conseil d'Etat du Roy, tenu à Versailles le dix-huitiéme jour de Novembre mil six cens soixante-treize. Signé, BECHAMEIL.

ARREST DU CONSEIL D'ETAT DU ROY,

Du 31. Decembre 1675.

Portant que les Appointemens des Commis des Manufactures seront payez par les Maistres & Gardes, du produit du sol pour piece qui se perçoit pour la visite & marque de chacune piece d'étoffe.

Extrait des Registres du Conseil d'Etat.

LE Roy ayant ordonné par l'Article LV. des Reglemens generaux du mois de Mars 1667. pour la fabrique des étoffes de Soye, & par l'Article XXXIX. des Reglemens generaux du mois d Aoust 1669. pour les étoffes de Laine, que tous les Draps, Serges, & autres étoffes y mentionnées, qui se fabriqueroient, tant dans le Royaume qu'aux Païs estrangers, seroient apportées aux Bureaux des Maistres,

Gardes & Jurez des Villes, pour y estre par eux vûës, visitées & marquées lors qu'ils les trouveroient de la qualité portée par lesdits Reglemens : Sa Majesté auroit par l'Article LVI. des mesmes Reglemens de 1667. & le XLII. de ceux de 1669. attribué ausdits Maistres, Gardes & Jurez un sol pour chacune piece d'étoffe qu'ils visiteroient & marqueroient ; & par l'Article LXIII. desdits Reglemens de 1667. Elle leur auroit accordé le tiers des amendes & confiscations ; & par le LVIII. des Reglemens de 1669. le quart ; le tout à la charge par eux de tenir bon & fidel Registre de toutes les marchandises qui seroient déchargées dans leurs Bureaux, & des noms des Marchands ausquels elles appartiendroient, comme aussi des amendes qui seroient prononcées contre les Ouvriers & Marchands qui auroient contrevenu ; & au surplus, que le produit dudit sol & amende seroit employé aux frais desdits Bureaux, & autres dépenses necessaires pour l'execution des Reglemens. Et dautant que la plûpart desdits Maistres, Gardes & Jurez n'ont satisfait jusques à present ausdits Reglemens, n'ayant tenu aucun Registre, ou du moins en tres mauvais ordre, des Marchandises qu'ils ont veuës, visitées & marquées, ny des amendes qu'ils ont reçûës, dans la veuë d'en cacher le produit, & l'appliquer à leur profit particulier, contre l'intention de Sa Majesté : laquelle estant pleinement informée que ce produit est non seulement suffisant pour les dépenses ordinaires & extraordinaires des Bureaux, mais encore pour payer les appointemens des Commis employez par Sa Majesté pour tenir la main à l'execution desdits Reglemens ; & oüy sur ce le rapport du Sieur Colbert, Conseiller du Roy en tous ses Conseils, au Conseil Royal, Contrôlleur General des Finances, & tout consideré : SA MAJESTE' EN SON CONSEIL, a ordonné & ordonné que les Maiſtres, Gardes & Jurez Drapiers, & Sergers des Villes, Bourgs & Villages du Royaume, tiendront bon & fidel regiſtre de toutes les pieces d'étoffes, tant de ſoye, que de laine & fil, qu'ils viſiteront & marqueront, comme auſſi des amendes & confiſcations qui ſeront prononcées; leſquels Regiſtres ſeront paraphez par les Maires, Eſchevins, Jurats, Capitouls, Conſuls, ou autres Juges auſquels la connoiſſance des Reglemens & Statuts des Manufactures eſt attribuée, & par les Commis employez à l'execution d'iceux. Veut Sa Majeſté qu'à commencer du premier Juillet dernier, les appointemens deſdits Commis ſoient pris ſur le produit du ſol pour piece qui ſe paye auſdits Maiſtres & Gardes & Jurez pour la viſite & marque, & ſur la part des amendes & confiſcations qui leur ſont & ſeront adjugées, à l'exception de Paris: au payement deſquels appointemens leſdits Maiſtres & Gardes & Jurez ſeront contraints, comme pour deniers Royaux, de trois en trois mois, à raiſon de deux mille livres par an pour chacun Commis, les frais des plombs, & autres dépenſes pour l'entretien des Bureaux préalablement déduits. Enjoint Sa Majeſté aux Commiſſaires départis dans les Provinces, de tenir la main à l'execution deſdits Reglemens & du preſent Arreſt, qui ſera executé nonobſtant oppoſitions ou empêchemens quelconques, dont ſi aucuns interviennent, Sa Majeſté s'en reſerve à Elle & à ſon Conſeil la connoiſſance, icelle interdit & défend à tous autres Juges. FAIT au Conſeil d'Etat du Roy, tenu à ſaint Germain en Laye le trente-uniéme jour de Decembre mil ſix cens ſoixante-quinze. Signé, BECHAMEIL.

ARREST DU CONSEIL D'ETAT,

Du 5. Juillet 1677.

Portant que les Maires & Eschevins fourniront des Bureaux dans les Hostels de Ville pour la Visite & Marque des Estoffes: & qu'il ne sera pris aucuns frais sur le produit du sol, que ceux des Plombs & Registres.

Extrait des Registres du Conseil d'Etat.

LE Roy s'estant fait representer l'Arrest rendu en son Conseil le 31. Decembre 1675. portant que Maistres, Gardes & Jurez Drapiers & Sergers des Villes, Bourgs & Villages du Royaume, tiendront bon & fidele Registre de soutes les pieces d'Estoffes tant de Soye que de Laine & Fils qu'ils visiteront & marqueront; comme aussi des amendes & confiscations qni seront prononcées; lesquels Registres seront paraphez par les Maire, Eschevins, Jurats, Capitouls, Consuls, & autres ausquels la connoissance des Reglemens & Statuts des Manufactures est attribuée, & par les Commis employez à l'execution d'iceux; & qu'à commencer du 1. Juillet audit an 1675. les appointemens desdits Commis seront pris sur le produit du sol pour Piece, qui se paye ausdits Maistres, Gardes & Jurez, pour la Visite & Marque, & sur la part des amendes & confiscations qui leur sont adjugées, à l'exception de la ville de Paris: au payement desquels appointemens, lesdits Maistres, Gardes & Jurez seront contraints comme pour deniers Royaux, de trois en trois mois, à raison de deux mille livres par an pour chacun Commis, les frais & dépenses pour l'entretien des Bureaux préalablement déduits. Comme aussi s'étant fait representer l'Article XXXIX. du Réglement general des Manufactures du mois d'Aoust 1669. par lequel il est porté que pour la facilité de la Visite & Marque des Marchandises, il y aura dans toutes les Villes, Bourgs & Villages du Royaume où lesdites Manufactures sont establies, une chambre dans les Hostels de Ville, ou aux Bureaux des Commnnautez des Corps de Mestiers, pour visiter & marquer les Pieces d'Estoffes : & Sa Majesté estant informée que depuis ledit Arrest lesdits Commis n'ont pû recevoir aucune chose sur leurs appointemens, lesdits Maistres, Gardes & Jurez appliquans ce qui provient dudit sol pour Piece à leur profit, & s'excusans d'ailleurs d'en faire le payement, sous prétexte des dépenses qu'ils sont obligez de faire ; même jusques à present il y a plusieurs lieux, où il n'a point esté estably des Bureaux pour visiter & marquer lesdites étoffes. A quoy estant necessaire de pourvoir : Oüy le rapport du Sieur Colbert, Conseiller au Conseil Royal, Contrôlleur General des Finances : SA MAJESTE' EN SON CONSEIL a ordonné & ordonne, que ledit Arrest du 31. Decembre 1675. sera executé selon sa forme & teneur ; & en consequence, que les Maistres, Gardes & Jurez des Ouvriers en Soye, Drapiers & Drapans-Sergers, payeront les appointemens des Commis établis pour l'execution des Reglemens des Manufactures, suivant le produit du sol pour Piece, dans les temps portez par ledit Arrest ; à quoy faire ils seront contraints par les voyes portées par iceluy. Comme aussi ordonne Sa Majesté, que conformément à l'Article XXXIX. des Reglemens generaux des Manufactures du mois d'Aoust 1669. les Maire & Eschevins des Villes seſont tenus de fournir des Bureaux dans les Hoſtels de Ville, ou autres lieux, pour viſiter & marquer les Etoffes de Soye & Laine qui y ſeront apportées. Sa Majeſté fait défenſes auſdits Maiſtres, Gardes & Jurez des Ouvriers en Soye, Draps & Serges, de prendre ſur le produit dudit ſol, autres frais par préference aux appointemens deſdits Commis, que ceux des Plombs ſervans à la Marque des Eſtoffes de Soye & de Laine, & des Regiſtres dans leſquels ſont enregiſtrées les Pieces d'Eſtoffes de Soye & de Laine qui ſont viſitées & marquées, à peine d'en répondre en leurs propres & privez noms. Enjoint Sa Majeſté aux Commiſſaires départis dans les Provinces de tenir la main à l'exécution du preſent Arreſt, qui ſera exécuté, nonobſtant oppoſitions & autres empêchemens quelconques, dont ſi aucuns interviennent, Sa Majeſté s'en reſerve à ſoy & à ſon Conſeil la connoiſſance, icelle interdit à toutes ſes Cours & Juges. FAIT au Conſeil d'Etat du Roy, tenu à Verſailles le troiſiéme jour de Juillet mil ſix cens ſoixante-dix-ſept. Signé, RANCHIN.

ARREST

ARREST DU CONSEIL D'ETAT DU ROY,

Du 8. Mars 1686.

Portant que les Maiſtres, Gardes, & Jurez des Communautez où il y a des Manufactures établies, tant en la Generalité de Tours, qu'aux Generalitez du Royaume, ſeront tenus de tenir Regiſtre pour inſerer toutes les Pieces d'Eſtoffes qui leur ſeront apportées pour eſtre marquées, & les amendes auſquelles les Marchands trouvez en fraudes auront eſté condamnez, à peine auſdits Gardes & Jurez d'amende.

Extrait des Regiſtres du Conſeil d'Etat du Roy.

LE Roy ayant eſté informé qu'encore que par Arreſt de ſon Conſeil d'Etat du 31. Decembre 1675. il ait eſté ordonné que les Maiſtres & Gardes, Jurez Drapiers & Sergers des Villes, Bourgs & Villages du Royaume tiendroient bon & fidele Regiſtre de toutes les pieces d'Eſtoffes, tant de ſoye que de laine & de fil qu'ils viſiteroient & marqueroient, & que les appointemens des Commis employez pour tenir la main à l'execution des Reglemens & Statuts des Manufactures, leur ſeroient payez à raiſon de deux mil livres livres chacun par leſdits Maiſtres & Gardes, Jurez ſur le produit du ſol pour pieces qui ſe paye auſdits Maiſtres & Gardes pour la viſite & marque deſdites Eſtoffes, & ſur les amendes auſquelles les Marchands trouvez en fraude auroient esté condamnez ; neanmoins la plûpart des Maistres, Gardes & Jurez desdites Manufactures de la Generalité de Tours ne tiennent aucun Registre desdites Marques, non plus que du produit du sol d'icelles, ny desdites amendes ; & que les Registres que les autres Maistres & Gardes tiennent, mesme ceux des plus fortes Communautez ne sont pas fideles, n'y faisant pas mention de toutes les pieces d'Estoffes qui s'y marquent, ny des amendes encouruës, & par consequent qu'ils en retiennent le produit qui devroit estre employé au payement des appointemens desdits Commis ; A quoy Sa Majesté desirant pourvoir, en sorte que lesdits Commis estans payez de leursdits appointemens, puissent s'employer utillement à l'execution des Reglemens & Statuts concernant lesdites Manufactures, & à les faire garder ponctuellement. SA MAJESTE' ESTANT EN SON CONSEIL a ordonné & ordonne, que les Maistres, Gardes & Jurez de toutes les Communautez où il y a des Manufactures établies, tant en ladite Generalité de Tours, qu'aux Generalitez de son Royaume, seront tenus & obligez d'avoir un Registre qui sera paraphé par les Juges, auquel la connoissance des Reglemeus des Manufactures est attribué ; dans lequel Registre lesdits Gardes & Jurez seront tenus d'inserer toutes les pieces d'Estoffes generalement qui seront apportées pour estre marquées, ensemble les amendes ausquelles les Marchands trouvez en fraude auront esté condamnez, à peine ausdits Gardes & Jurez d'amende, laquelle sera arbitrée par l'Intendant ou Commissaire départy en chaque Generalité, sur la plainte qui leur en sera portée. Enjoint Sa Majesté aux Commis employez pour faire executer & observer les Reglemens & Statuts desdites Manufactures, tant en ladite Generalité de Tours, qu'autres du Royaume, de tenir la main à l'obſervation de ce qui eſt en cela de ſa volonté, & de ſe faire repréſenter leſdits Regiſtres dans le cours de leurs viſites, pour verifier ſi les Gardes & Jurez y auront employé toutes les pieces qui leur auront eſté apportées pour eſtre marquées, & les amendes auſquelles ceux qui auront eſté trouvez en fraude auront eſté condamnez. Enjoint auſſi Sa Majeſté, auſdits Intendans & Commiſſaires départis pour l'execution de ſes Ordres dans ſes Provinces & Generalitez, de tenir la main chacun dans l'étenduë de ſon département à l'execution dudit Arreſt. FAIT au Conſeil d'Etat du Roy, Sa Majeſté y eſtant, tenu à Verſailles le huitiéme Mars mil ſix cens quatre-vingt-ſix. Signé, COLBERT.

ARREST DU CONSEIL D'ETAT DU ROY,

Du vingt-quatriéme Janvier 1688.

Qui ordonne que la viſite des laines étrangeres ſera faite par les Gardes des Drapiers drapans, & que les Commis des Manufactures y pourront aſſiſter.

Extrait des Regiſtres du Conſeil d'Etat du Roy.

SUR l'avis donné au Roy eſtant en ſon Conſeil, des abus qui ſe commettent en la vente des laines qui viennent des Païs étrangers dans le Royaume, pour le mélange qui ſe trouve dans les Balots qui ſont marquez eſtre de pure & premiere laine, avec d'autres laines de qualité au deſſous, leſquels Balots ainſi défectueux, ſont neanmoins vendus ſur le pied de laine pure, que cet abus est fomenté par les Gardes des Drapiers drapans qui sont chargez de faire la visite des laines, lesquels ne la font pas du tout, ou bien fort negligemment, ou souvent d'intelligence avec les Marchands qui les font venir, font lesdites visites à leur gré, d'où il arrive que les Fabriquans des Manufactures, & les petits Ouvriers qui achetent lesdites laines, non seulement ne peuvent faire que de communes Marchandises, au lieu qu'ils en feroient de plus belles, si les laines qu'ils achettent leurs estoient livrées de la qualité sur le pied de laquelle la vente leur en est faite; mais aussi qu'estant dans la necessité pour débiter les Marchandises qu'ils ont ainsi fabriquées avec lesdites laines, de les vendre à vil prix, ils se ruïnent & tombent dans des faillites, à quoy estant important de pourvoir : SA MAJESTE' ESTANT EN SON CONSEIL, a ordonné & ordonne que la visite des laines venant des Païs étrangers dans le Royaume, sera faite par les Gardes des Drapiers drapans ou autres préposez à cet effet, avec tout le soin, l'exactitude & la facilité requise; En sorte que les Balots de laines marquez d'une qualité de laine, & lesquels se trouveront mêlez de laines d'une qualité au dessous, ne puissent estre vendus sur le pied de leur marque; & en cas qu'aprés les visites desdits Gardes, il se trouve des Balots de laines vendus, sans que leur défectuosité ait esté declarée & marquée par lesdits Gardes; veut Sa Majesté qu'ils demeurent responsables du déchet, & qu'en outre ils soient condamnez pour la premiere fois en cent livres d'amende, en trois cens livres pour la seconde, & en trois mil livres pour la troisiéme, lesdites amendes appliquables; Sçavoir, moitié envers Sa Majesté, & l'autre moitié envers les Ouvriers ou Marchands qui les auront achettez; Veut en outre Sa Majesté que les Commis préposez par le Sur-Intendant des Bastimens, Arts & Manufactures, pour la visite desdites Manufactures, puissent assister aux visites qui seront faites par lesdits Gardes, pour veiller à ce qu'ils observent ce qui leur est prescrit par le present Arrest, qui sera executé nonobstant oppositions ou appellations quelconques, pour lesquelles ne sera differé. FAIT au Conseil d'Etat du Roy, Sa Majesté y estant, tenu à Versailles le vingt-quatriéme jour de Janvier mil six cens quatre-vingt-huit. Signé, PHELYPEAUX. Et scellé du grand Sceau.

ARREST DU CONSEIL D'ETAT DU ROY,

Du trente-uniéme Aoust 1689.

Qui permet au Commis des Manufactures en Poitou d'aller seul en visite chez les Marchands de son département.

Extrait des Registres du Conseil d'Etat du Roy.

LE Roy estant en son Conseil, ayant esté informé que bien que plusieurs Marchands & Ouvriers de Poitiers, & autres de la Province de Poitou, ayent dans leurs Boutiques & Magasins des Estoffes défectueuses; neanmoins ils trouvent moyen de s'empêcher d'estre surpris dans les contraventions, dautant que lesdits Marchands & Ouvriers prétendans que le Reglement concernant les Manufactures, ne donne la faculté de faire des visites chez eux qu'aux

Gardes & Jurez seulement, ils refusent de se soumettre à celles du Commis des Manufactures; de sorte que lesdits Gardes & Jurez estans de la mesme profession, & pouvant par consequent se trouver dans les mesmes fautes & contraventions, ils les tollerent, & ainsi il n'y a personne qui puisse y veiller; ce qui fait que ces contraventions se perpetuënt, au préjudice du commerce & du public : A quoy estant necessaire de pourvoir : SA MAJESTÉ ESTANT EN SON CONSEIL a ordonné & ordonne, que les Gardes & Jurez des Marchands de la ville de Poitiers, & autres de la Province de Poitou, seront tenus à la premiere requisition qui leur en sera faite par ledit Commis des Manufactures, de se transporter avec luy chez lesdits Marchands & Ouvriers, pour y estre fait visite des Etoffes qui s'y trouveront, sinon & en cas de refus de la part desdits Gardes & Jurez, de l'y accompagner; Sa Majesté a permis & permet audit Commis des Manufactures, de proceder seul à ladite visite, & saisie de celles des Estoffes qui se trouveront défectueuses, faisant défenses à toutes personnes de luy donner aucun trouble ny empêchement, sous telles peines qu'il appartiendra : Enjoint Sa Majesté à l'Intendant de Justice, Police & Finances en ladite Province de Poitou, de tenir la main à l'execution du present Arrest. FAIT au Conseil d'Etat du Roy, Sa Majesté y estant, tenu à Versailles, le trente-uniéme jour du mois d'Aoust mil six cens quatre-vingt-neuf. Signé, LE TELLIER.

ARREST DU CONSEIL D'ETAT DU ROY,

Du deuxiéme Septembre 1685.

Qui permet aux Commis des Manufactures en Languedoc, d'aller seul en visite chez les Marchands de leur département.

Extrait des Registres du Conseil d'Etat du Roy.

SUR ce qui a este représenté au Roy estant en son Conseil, qu'il arrive des contestations dans la fonction des Commis des Manufactures de la Province de Toulouse, en ce que les Marchands prétendans que le Reglement concernant les Manufactures ne donne la faculté de faire des visites chez eux qu'aux Gardes & Jurez seulement, ils refusent de se soumettre à celle des Commis desdites Manufactures; de sorte que bien que plusieurs desdits Marchands ayent dans leurs Boutiques & magasins des étoffes défectueuses, neanmoins comme lesdits Gardes & Jurez estant de la mesme profession peuvent se trouver dans les mesmes fautes & contraventions qu'eux, ils les tolerent, & ainsi il n'y a personne qui puisse y veiller; ce qui fait que ces contraventions se perpetuënt au préjudice du Commerce & du Public, & mesme d'autant plus impunément en la ville de Toulouse, que les Capitouls d'icelle font difficulté d'en prendre connoissance, nonobstant qu'elle leur soit attribuée par ledit Reglement concernant les Manufactures : A quoy estant necessaire de pourvoir : SA MAJESTE' ESTANT EN SON CONSEIL, a ordonné & ordonne; que les Gardes & Jurez des Marchands de ladite ville de Toulouse, & autres de ladite Province de Languedoc, seront tenus à la premiere requisition qui leur en sera faite par lesdits Commis des Manufactures, de se transporter avec eux chez lesdits Marchands, pour y estre fait visite des étoffes qui s'y trouveront, à peine contre chacun desdits Gardes & Jurez qui auront refusé d'accompagner lesdits Commis esdites visites, de trois cens livres d'amende, que Sa Majesté declare estre dés à present encouruë, & au payement de laquelle Elle veut qu'ils soient condamnez par les Juges ordinaires des Manufactures, sans que ladite amende puisse estre reputée comminatoire, ny que sous quelque prétexte que ce soit ils en puissent estre déchargez ; Permet Sa Majesté ausdits Commis des Manufactures, audit cas de refus de la part desdits Gardes & Jurez de les accompagner, de proceder seuls à ladite visite & saisies de celles des étoffes qui se trouveront défectueuses, faisant défenses à toutes personnes de leur donner aucun trouble ny empêchement, sous telles peines qu'il appartiendra : Veut en outre Sa Majesté que les étoffes défectueuses qui se trouveront chez les Marchands de ladite ville de Toulouse soient portées dans l'Hostel commun de ladite Ville, pour estre procedé par les Capitouls d'icelle au jugement des contraventions, conformément au Reglement concernant lesdites Manufactures, à peine par lesdits Capitouls d'en estre responsables en leurs propres & privez noms : Enjoint Sa Majesté à l'Intendant de Justice, Police & Finances en ladite Province de Languedoc, de tenir la main à l'execution du present Arrest. FAIT au Conseil d'Etat du Roy, Sa Majesté y estant, tenu à Marly le deuxiéme jour du mois de Septembre mil six cens quatre-vingts neuf. Signé, LE TELLIER.

ARREST DU CONSEIL D'ETAT

DU ROY, SA MAJESTE' Y ESTANT,

Du vingt-septiéme Octobre 1691.

Qui ordonne, conformément aux Articles XXXIX. & XL. du Reglement sur le fait des Manufactures du Royaume de l'année 1669. Que toutes les Estoffes qui seront apportées dans la Province de Bretagne, ou fabriquées en icelle, seront déchargées dans les Bureaux des Marchands en chacune Ville, pour y estre veuës, visitées & plombées, &c.

Extrait des Registres du Conseil d'Etat.

LE Roy estant en son Conseil, ayant esté informé, qu'encore que par les Articles XXXIX. & XL. du Reglement general de l'année 1669. concernant les Manufactures du Royaume, il soit porté que les étoffes qui se fabriquent dans les Provinces d'iceluy, seront déchargées dans les Bureaux des Villes desdites Provinces, où il y en a d'établis, avant que d'estre exposées en vente, pour y estre visitées & marquées; neanmoins cela n'est pas observé dans la Province de Bretagne, d'où il arrive plusieurs abus préjudiciables au Public: A quoy Sa Majesté voulant pourvoir, & empescher par ce moyen qu'il ne soit porté dans ladite Province de Bretagne, aucunes Estoffes défectueuses: SA MAJESTE' ESTANT EN SON

CONSEIL, a ordonné & ordonne, conformément ausdits Articles XXXIX. & XL. dudit Reglement de 1669. sur le fait des Manufactures du Royaume, que toutes les Estoffes qui seront apportées dans la Province de Bretagne ou fabriquées en icelles, seront déchargées dans les Bureaux des Marchands establis dans chaque Ville, pour y estre veuës & visitées & mesme marquées si elles ne le sont pas de deux Plombs, selon & ainsi qu'il est porté par lesdits Articles dudit Reglement, & sur les peines y contenuës. Enjoint au Sieur Commissaire de Sa Majesté en Bretagne, & aux Juges des Manufactures des Villes de ladite Province, de tenir la main chacun comme il appartiendra à l'execution du present Arrest. FAIT au Conseil d'Etat du Roy, Sa Majesté y estant, tenu à Versailles le vingt-septiéme jour d'Octobre mil six cens quatre-vingt-onze. Signé, PHELYPEAUX.

ARREST DU CONSEIL D'ETAT DU ROY,

Du cinquiéme Février 1692.

Concernant les Marques sur les Pieces de Draps & Estoffes de Laine du Royaume.

Extrait des Registres du Conseil d'Etat.

LE Roy s'estant fait representer l'Arrest rendu en son Conseil, Sa Majesté y estant, le 16. Mars 1688. par lequel défenses ont esté faites à tous Ouvriers en Draps de Laine, & particulierement à ceux de Carcassonne, de mettre à l'avenir sur les pieces d'Etoffes qu'ils fabriqueroient, aucune marque d'Angleterre étrangere, pour quelque cause & prétexte que ce pût estre, à peine de confication & d'amende : Et Sa Majesté estant informée qu'au préjudice desdites défenses, le mesme abus qui s'estoit glissé dans les Manufactures de Carcassonne, s'est depuis insensiblement introduit en d'autres Manufactures considerables du Royaume, & que plusieurs des Entrepreneurs & Ouvriers, affectent d'ajouster à leurs noms & à leurs marques ordinaires sur les plus belles pieces de Draps qu'ils fabriquent, d'autres marques étrangeres d'Espagne ou d'Angleterre, & d'Hollande, qu'ils font appliquer ou broder sur les chefs des pieces de Draps en broderie d'or, ou de soye, afin de donner lieu aux Marchands de les vendre plus cherement, & comme marchandises étrangeres, à ceux qui ne s'y connoissent pas ; ce qui s'execute d'autant plus facilement, que plusieurs desdits Marchands, aprés avoir retiré de la visite les pieces de Draps ainsi marquées & brodées sur les chefs, ostent ensuite le nom de l'Ouvrier François, avec les plombs de la visite, & n'y laissent que les seules marques avec lesquelles on a imité celles des Etrangers : A quoy estant necessaire de pourvoir, & de remedier à un abus si préjudiciable au Public, si contraire à la bonne foy du Commerce, & aux plus importantes Manufactures du Royaume. SA MAJESTE' ESTANT EN SON CONSEIL, a fait tres-expresses défenses à tous Entrepreneurs de Manufactures, aux Ouvriers travaillans en Etoffes & Draps de laine, & generalement à toutes autres personnes, d'appliquer ou mettre à aucunes marchandises & pieces d'étoffes de laine, aucunes lettres, ou marques étrangeres, mesme aucunes lettres, caracteres, figures, ou façons, de quelque qualité qu'elles puissent estre, sans exception; outre le nom de l'Ouvrier, & marques portées par les Reglemens; le tout à peine de confiscation desdites marchandises, & de quinze cens livres d'amende en cas de contravention. Comme aussi Sa Majesté fait tres-expresses défenses à tous Marchands Drapiers de Paris, Roüen, Lyon, & autres Villes du Royaume, de faire mettre aucunes desdites marques sur les Draps de laine, d'en avoir aucunes ainsi marquées dans leurs boutiques & magasins, ny de les exposer en vente, sous les mesmes peines. Et à cet effet sera le present Arrest lû, publié & affiché à Paris, & par tout ailleurs où besoin sera, afin qu'il n'en soit prétendu cause d'ignorance. Enjoint Sa Majesté au Sieur de la Reynie Conseiller Ordinaire en son Conseil d'Etat, Lieutenant General de Police de la ville de Paris, & aux Sieurs Intendans, Commissaires départis dans les Provinces, chacun en droit soy, de tenir la main à l'execution du present Arrest, qui sera executé nonobstant opposition ou apppellation quelconque, & sans préjudice d'icelles, FAIT au Conseil d'Etat du Roy, Sa Majesté y estant, tenu à Versailles le cinquiéme jour de Février mil six cens quatre-vingt-douze. Signé, PHELYPEAUX.

ARREST DU CONSEIL D'ETAT DU ROY,

Du cinquiéme Février 1692.

Qui ordonne qu'il sera fait un département par les Sieurs Intendans & Commissaires départis en chacune Generalité, de la somme de deux mille livres à laquelle les appointemens des Commis à l'inspection des Manufactures d'Estoffes tant de soye, laine, que fil du Royaume ont esté fixez, & ce sur toutes les Villes & lieux sujets à l'inspection de chacun desdits Commis, & où la visite & marque desdites Estoffes, est faite par les Maistres, Gardes & Jurez.

Extrait des Registres du Conseil d'Etat.

LE Roy ayant ordonné par Arrest de son Conseil du dernier Decembre 1675. que les Maistres, Gardes & Jurez Drapiers & Sergers dans les Villes, Bourgs & Villages du Royaume, tiendront bon & fidel Registre de toutes les pieces d'Estoffes tant de soye que de laine & fil qu'ils visiteront & marqueront; comme aussi des amendes & confiscations qui seront prononcées; & que sur le produit du sol pour piece qui se paye ausdits Maistres, Gardes & Jurez pour la visite & marque, & sur la part des amendes & confiscations qui leur sont adjugées, les appointemens des Commis à l'inspection des Manufactures, sur le pied de deux mille livres, seroient pris & payez par lesdits Maistres, Gardes & Jurez ausdits Commis de trois mois en trois mois : Et Sa Majesté estant informée qu'en execution de cet Arrest il a esté fait en quelques Provinces du Royaume par lesdits Sieurs Intendans & Commissaires départis en icelles des departemens de ladite somme de deux mille livres, sur les lieux où se perçoit le droit de visite & de marque, & que dans les autres il n'en a point esté fait ; ce qui cause diverses contestations entre les Commis & les Maistres, Gardes & Jurez de quelques Communautez, comme aussi qu'en quelques endroits les Commis ne vont dans les lieux des fabriques que pour recevoir les sommes dont ils sont convenus avec les Communautez, sans s'appliquer à l'examen & visite des Estoffes qui s'y fabriquent ; ce qui fait que les Facturiers se mettent peu en peine d'executer les Reglemens & Arrests concernant les Manufactures, & leur donne lieu de commettre impunément plusieurs abus. A quoy estant necessaire de pourvoir : Oüy le rapport du Sieur Phelypeaux de Pontchartrain Conseiller ordinaire au Conseil Royal, Contrôlleur General des Finances : SA MAJESTE' ESTANT EN SON CONSEIL, a ordonné & ordonne, que ledit Arrest du dernier Decembre 1675. sera executé selon sa forme & teneur, & en consequence qu'il sera fait incessamment par les Sieurs Intendans & Commissaires départisen chacune Generalité, un département de lad. somme de deux mille liv. à laquelle les appointemens des Commis ont esté fixez, sur toutes les Villes & lieux sujets à l'inspection de chacun desdits Commis, & où la visite & marque des Estoffes est faite par lesd. Maistres, Gardes & Jurez à proportion du profit du sol pour piece ; auquel effet lesdits Jurez seront tenus de representer leurs Registres & autres pieces ; à ce faire contraints par toutes voyes, mesme par corps, pour estre les sommes contenuës ausdits départemens, payées aufdits Commis, aprés qu'ils auront remis aufdits Sieurs Intendans & Commiffaires départis les Procés verbaux ou Eftats des vifites qu'ils auront faites en chacun defdits lieux, & qu'ils auront obtenu leurs Ordonnances pour ledit payement. Fait Sa Majefté deffenfes aufdits Maiftres Gardes & Jurez de payer lefdites fommes, & à ceux qui examineront & arrefteront leurs Comptes, de les alloüer dans la dépenfe d'iceux, qu'en rapportant les Ordonnances particulieres defdits Sieurs & Intendans & Commiffaires départis, aufquels Sa Majefté enjoint de tenir la main à l'execution du prefent Arreft. FAIT au Confeil d'Etat du Roy, Sa Majefté y eftant, tenu à Verfailles le cinquiéme jour de Février mil fix cens quatre-vingt-douze. Signé, PHELYPEAUX.

ARREST DU CONSEIL D'ETAT DU ROY,

Du feptiéme Avril 1693.

Concernant la maniere dont les Entrepreneurs des Manufactures de Draperies, & les Maiftres Drapiers drapans de toutes les Provinces du Royaume, doivent mettre leur nom & celuy de leur demeure fur le chef de chaque piece d'Eftoffe.

Extrait des Regiftres du Confeil d'Etat.

LE Roy ayant efté informé qu'encore que par l'article cinquante-un des Reglemens generaux du mois d'Aouft 1669. concernant les Manufactures, il ait efté rodonné que le nom des Maiftres Ouvriers

& Façonniers sera mis sur le chef & premier bout de chaque piece d'estoffes sur le mestier & non à l'éguille, neanmoins cet article n'a point esté regulierement observé par le passé, le nom des Maistres Façonniers n'estant marqué ordinairement qu'à l'éguille, dont la raison est, que la plûpart des Ouvriers employez à la fabrique desdites étoffes, ne connoissant aucune lettre, ne sont pas capables de mettre leur nom à la teste de leurs Ouvrages, & qu'en autre il faut beaucoup de temps pour faire cette marque au mestier, sur lesquelles considerations il fut permis aux Ouvriers en fait de Draperie de la Province de Languedoc par Arrest du Conseil du 4. Novembre 1687. de marquer à l'avenir, si bon leur semble, leur nom & celuy de leur demeure sans abreviation à la teste des pieces d'étoffes en toile avec de la laine d'une couleur differente de celle de la piece où sera ladite marque, au lieu de la faire sur le mestier; en sorte que la piece estant portée au foulon, ladite marque de laine s'incorpore de maniere avec ladite piece, qu'elle ne puisse non plus estre ostée ny effacée, que si elle avoit esté faite au mestier, sous pretexte duquel Arrest plusieurs Facturiers des Manufactures du Royaume ont cessé de mettre leur nom de la maniere prescrite par ledit article cinquante-un, & l'ont fait à l'éguille, au lieu de le faire sur le métier, mesme l'ont fait d'autre matiere que de laine sur les pieces qu'ils font passer à la teinture, afin qu'il soit plus aisé de le reconnoistre, employant pour cela du coton ou du fil, qui ne prennent pas la couleur si parfaitement que la laine, prétendant que s'ils y employoient de la laine, leur nom se confonderoit avec le reste de la piece dans la teinture, & qu'il seroit impossible de le reconnoistre; mais comme ces differentes matieres ne s'incorporent pas assez au foulon

avec

avec la laine, dont est composée la piece d'Estoffe, & qu'il est facile d'en oster le nom de l'Ouvrier, ainsi fait avec d'autre matiere, que cela donne occasion aux Ouvriers de changer, quand il leur plaist, leur nom, & celuy de la Manufacture, d'y en mettre un autre à la place, & de faire passer par ce moyen les Draps d'une Manufacture pour ceux d'une autre; ce qui n'arriveroit pas, si ladite marque se faisoit suivant ce qui est prescrit par ledit article cinquante-un des Reglemens generaux, ou du moins suivant ledit Arrest du 4. Novembre 1687. Sa Majesté voulant pourvoir à ces abus, & estant bien-aise en mesme temps de donner aux Ouvriers le moyen de faire leurs Ouvrages avec facilité & œconomie, & moins de perte de temps, pourvû qu'il n'en puisse arriver d'inconveniens, & ayant esté bien informée que la marque faite avec de la laine sur les pieces d'Estoffes en la maniere prescrite par ledit Arrest du 4. Novembre 1687. ne peut estre changée, est aussi bonne & aussi difficile à oster, que si elle avoit esté faite sur le mestier. Oüy le Rapport du Sieur Phelypeaux de Pontchartrain Conseiller au Conseil Royal, Contrôlleur General des Finances, & tout consideré : SA MAJESTÉ ESTANT EN SON CONSEIL, a ordonné & ordonne, que les Entrepreneurs des Manufactures de Draperies & les Maistres Drapiers drapans de toutes les Provinces du Royaume, seront tenus de mettre leurs noms au chef & premier bout de chaque piece sur le mestier, conformément audit article cinquante-un des Reglemens de 1669. ou de marquer leur nom & celuy de leur demeure sans abreviation, ensemble le numero des pieces d'Estoffes à la teste de chaque piece en Toile, soit qu'elles soient sujettes à la teinture ou non, avec de la laine d'une couleur differente de celle de la piece, au lieu

de la faire sur le mestier ; ensorte que la piece estant portée au foulon, ladite marque de laine s'incorpore avec la piece, & qu'elle ne puisse estre non plus ostée ny effacée, que si elle avoit esté faite au mestier, suivant ledit Arrest du 4. Novembre 1687. le tout sous les peines portées par lesdits Reglemens de 1669. Pourront neanmoins, si bon leur semble, lesdits Entrepreneurs des Manufactures & Maistres Drapiers drapans, outreladite marque ainsi faite sur le mestier, ou avec de la laine sur les pieces d'Etoffes sujettes à la teinture, y en ajoûter une autre à l'éguille, faite avec du fil ou du cotton, ou telle autre matiere que bon leur semblera ; Veut au surplus Sa Majesté que lesdits Reglemens generaux de 1669. concernant les Manufactures, soient exactement observez sous les peines y portées. Enjoint Sa Majesté aux Juges des Manufactures de juger en conformité du present Arrest, & aux Intendans & Commissaires départis dans les Provinces de son Royaume d'y tenir la main. FAIT au Conseil d'Etat du Roy, Sa Majesté y estant, tenu à Versailles le septiéme jour d'Avril mil six cens quatre-vingt-treize.
Signé, PHELYPEAUX.

ARREST DU CONSEIL D'ETAT DU ROY,

Du dernier Avril 1697.

Portant que l'Ordonnance des Juges des Manufactures de Sedan du 27. Janvier 1695. sera cassée & annullée ; en consequence leur fait défenses & aux Manufacturiers de ladite Ville, & à tous autres Juges de contrevenir aux Reglemens Generaux de 1669. concernant les Manufactures.

Extrait des Registres du Conseil d'Etat.

LE Roy ayant esté informé que plusieurs Maires & Eschevins, Juges des Manufactures & autres préposez dans les Provinces du Royaume, rendoient journellement des Ordonances qui portent préjudice aux Reglemens Generaux & Arrests du Conseil rendus en conséquence, notamment ceux de la ville de Sedan, lesquels sur une Requeste à eux presentée le 25. Janvier 1695. par Charles Maurice Pepin Drapier, & Commis de la veuve Mignot, en auroient rendu une le 27. du mesme mois sur les Conclusions du Procureur de Sa Majesté, & de l'Inspecteur, portant qu'il sera libre, tant à la veuve Mignot, qu'aux autres Manufactures & Ouvriers de ladite Ville, de faire & fabriquer à l'avenir des Draps d'une aulne & demi quart liziere comprise, ce qui est entierement contraire ausdits Reglemens & Arrests du Conseil ; outre que cette largeur pourroit par les suites faire naistre des difficultez qui porteroient préjudice au bien des Manufactures, & que de plus, il n'est pas permis à aucuns Juges, Procureurs du Roy ny Inspecteurs de rien innover aux dispositions portées par les Reglemens de Sa Majesté, qui ne les a commis que pour tenir la main à leur execution. A quoy estant necessaire de pourvoir, Veu ladite Requeste presentée par ledit Pepin Commis de la veuve Mignot le 25. Janvier 1695. les Conclusions du Procureur du Roy & de l'Inspecteur estant au bas d'icelle, & l'Ordonnance des Maire & Eschevins Juges des Manufactures de Sedan, renduë en consequence en datte du 27. dudit mois : Et oüy le rapport du Sieur Phelypeaux de Pontchartrain, Conseiller ordinaire au Conseil Royal, Contrôlleur General des Finances : SA MAJESTE' ESTANT EN SON CONSEIL, a cassé & annullé ladite Ordonnance des Juges des Manufactures de Sedan du 27. Janvier 1695. leur fait deffenses & aux Manufacturiers de ladite Ville de l'executer, & de contrevenir aux Reglemens Generaux de 1669. concernant les Manufactures, & aux Arrests rendus en consequence, sous les peines y portées. Fait Sa Majesté pareillement deffenses à tous Juges des Manufactures de rendre aucune Sentence, Ordonnance ny Jugement contraires ausdits Reglemens & Arrests, sous quelque prétexte que ce soit, sauf à eux à representer aux Sieurs Intendans & Commissaires départis dans les Provinces, ce qu'ils estimeront convenable pour l'utilité particuliere de leur Manufacture ; sur lesquelles remontrances, lesdits Sieurs Intendans & Commissaires départis entendront les Marchands, Negocians & autres Parties, dresseront leurs Procés verbaux, & les envoyeront avec leurs Avis audit Sieur de Pontchartrain, pour sur son Rapport y estre pourvû par Sa Majesté ainsi qu'il appartiendra. Enjoint Sa Majesté au Sieur Lieutenant General de Police à Paris, & aux Sieurs Intendans & Commissaires départis dans les Provinces de tenir la main à l'exécution du present Arrest. FAIT au Conseil d'Etat du Roy, Sa Majesté y estant, tenu à Versailles le dernier jour d'Avril mil six cens quatre-vingt-dix-sept. PHELYPEAUX.

REGLEMENT
DES MANUFACTURES.

Extrait des Registres du Conseil d'Etat.

LE Roy ayant esté informé que les largeurs qui sont prescrites par les Reglemens generaux faits en l'année 1669. pour les Manufactures des Draperies du Royaume, ne conviennent pas aux Draps dont la vente & la consommation se fait dans les Eschelles du Levant, & qu'il est important pour en faciliter le Commerce, de regler la qualité des Laines qui doivent y estre employées, & la maniere d'y faire travailler; Sa Majesté desirant d'y pourvoir, auroit fait prendre les avis des principaux Fabriquans qui travaillent à ces sortes de Draps, & des principaux Marchands qui en font le commerce, sur les Reglemens qui sont à faire pour la qualité des Laines qui y doivent entrer, pour les largeurs qui doivent estre données à ces Draps, & pour tout ce qui concerne leur fabrique & perfection; lesquels avis ayant esté rapportez à Sa Majesté, & les ayant fait examiner par les personnes les plus éclairées en ces matieres: Oüy le Rapport du Sieur Phelypeaux de Pontchartrain, Conseiller ordinaire au Conseil Royal, Contrôlleur General des Finances: SA MAJESTE' ESTANT EN

SON CONSEIL, a ordonné & ordonne, que les Draps qui se feront à l'avenir dans les Manufactures des Provinces de Languedoc, Provence & Dauphiné, & dans les autres Manufactures du Royaume, pour estre envoyez en Levant, seront fabriquez en la maniere qui ensuit.

Les Draps appellez Mahous, ne pourront estre fabriquez qu'avec la laine Refin Villecastin, Refin Sigovie, ou Refleurette Sigovie, tant en chaîne qu'en tréme. Ils auront au moins trois mille six cent fils en chaîne, & seront montez dans des rots de deux aulnes & demie, pour revenir au retour du Foulon, à la largeur d'une aune un tiers entre deux lizieres.

Les Draps appellez Londrines premieres larges, seront faits avec la laine prime Sigovie, tant en chaîne qu'en tréme, & auront trois mille deux cens fils au moins en chaîne, dans des rots de deux aunes un tiers, pour revenir au retour du Foulon, à la largeur d'une aulne un quart entre les lizieres.

Les Draps appellez Londrines secondes, seront fabriquez de Laine Soria, ou autre de pareille qualité en chaîne, & de seconde Sigovie en tréme, & auront deux mille six cens fils au moins en chaîne, dans des rots de deux aulnes un quart, pour revenir au retour du Foulon, à une aulne un sixiéme de large entre deux lizieres.

Les Draps appellez Londres larges, seront fabriquez avec le refleuret de Laine de Languedoc, bas Dauphiné, Gandie, Albarasin & autres de pareille qualité, & auront deux mille quatre cens fils en chaîne, dans des rots de deux aulnes un quart, pour parvenir au retour du Foulon, à la largeur d'une aulne un quart entre deux lizieres.

Les Draps appellez Londres seront fabriquez avec le fleuret de la Laine de Languedoc, bas Dauphiné,

Gandie, Alberasin, ou autre de pareille qualité, & seront composez de deux mille fils en chaîne, dans des rots de deux aulnes un huitiéme, pour revenir bien foulez à la largeur d'une aulne & un sixiéme entre deux lizieres.

Les Draps appellez Seizains, seront fabriquez avec les Laines de Languedoc, bas Dauphiné ou Espagne, de pareille qualité, & auront seize cens fils en chaîne, dans des rots de deux aulnes, pour revenir au retour du Foulon, à la largeur d'une aulne entre deux lizieres.

Les Draps appellez Abouchouchou destinez pour l'Egypte, seront fabriquez avec les Laines de Beziers, Narbonne ou d'Espagne de pareille qualité, & auront seize cens fils en chaîne, dans des rots de deux aulnes, pour avoir au retour du Foulon la largeur d'une aulne entre deux lizieres.

Les Marchands fabriquans, & les Entrepreneurs des Manufactures, ne pourront employer aux Draps cy-dessus, autres laines que celles désignées dans les précedens articles pour chacune qualité de Drap, ny se servir de la laine Pelade, soit pour le mélange ou autrement; le tout à peine de confiscation des Draps pour la premiere fois, & de cent livres d'amende, outre la confiscation en cas de recidive.

Seront les Draps cy-dessus uniformes en force & bonté, dans toute l'étenduë de la piece, tant en largeur qu'en longueur, sans aucune difference. Et ne pourront les Tisserans & Ouvriers, ourdir les chaînes desdites étoffes, sinon aux largeurs cy-dessus exprimées, ny employer des laines d'autres qualitez, ny plus fines à un bout de la piece, qu'en tout le reste, sur mesmes peines.

Les Draps seront clos, serrez & non creux ny lâches, & à cet effet les Tisserans seront tenus de battre les Draps suffisamment sur le mestier, & de les bien remplir de tréme, à quoy les Marchands & Artisans tiendront la main, sous peine de telle amende qui sera reglée par les Juges des Manufactures, selon la qualité du défaut, soit contre le Marchand fabriquant, soit contre le Tisseran, mesme de confiscation des Draps, s'il y échet. Seront tenus les Marchands & Fabriquans, & les Entrepreneurs des Manufactures, de marquer & faire marquer sur le chef & premier bout de chacune piece de Drap, leur nom, celuy du lieu où le Drap sera fabriqué, encore qu'il soit teint & apresté dans un autre lieu, & la qualité du Drap, avec le numero de la piece, en la maniere prescrite par les Arrests du Conseil des quatre Novembre 1687. & sept Avril 1693. & sous les peines y portées.

Tous les Draps cy-dessus seront foulez avec le savon, & non avec de la terre, sous peine de cinquante livres d'amende contre les Foulonniers.

Seront lesdits Draps tondus de bien prés, & les Tondeurs & Apresteurs leur donneront tous les apprests, & toutes les tontures necessaires pour les rendre parfaite en bonté & beauté, à quoy les Marchands fabriquans & Entrepreneurs de Manufactures, tiendront la main, à peine de telle amende qui sera reglée par les Juges des Manufactures, selon la qualité du défaut, soit contre le Fabriquant, soit contre le Tondeur, mesme de confiscation des Draps, s'il y échet.

Ne pourront les Tondeurs & Pareurs, se servir de cardes de fer pour coucher & garnir lesdits Draps, à peine de trente livres d'amende.

Les Marchands fabriquans & Entrepreneurs des Manufactures, feront tondre leurs Draps d'affinage, avant que de les envoyer en teinture, à peine de vingt livres d'amende pour chacune piece.

Et ne pourront les Teinturiers recevoir les Draps ny les mettre en couleur, qu'ils ne soient ainsi tondus, sous pareille peine.

Les Marchands fabriquans, les Entrepreneurs de Manufactures, & les Teinturiers seront tenus de se conformer aux Reglemens generaux des Teinturiers pour les Draps, & autres étoffes qu'ils teindront & feront teindre en grandes & hautes couleurs, comme écarlate, cramoisy, soupe-en-vin, & autres couleurs parfaites, & ne pourront employer pour faire lesdites teintures, que les ingrediens permis par lesdits Reglemens generaux de l'année 1669. & seront pareillement tenus de mettre dans les teintures, la quantité suffisante d'ingrediens, pour donner le corps & la vivacité necessaire aux couleurs, sous les peines portées par lesdits Reglemens.

Les Draps cy-dessus seront visitez trois fois par les Gardes & Jurez en charge. La premiere fois en toile au sortir du mestier, & avant que d'estre portez au Foulon, pour examiner s'ils sont conformes au present Reglement, tant dans la qualité des laines, que dans le travail & la fabrique. La seconde fois au retour du Foulon, pour en examiner le foulage, estre lesdits Draps aulnez, & y estre apposé un plomb, sur lequel sera marqué le nombre d'aulnes que contiendra la piece. Et la troisiéme, aprés qu'ils auront esté apprestez & teints, pour reconnoistre s'ils n'auront point esté tirez avec excés, par le moyen des rames. Sçavoir, de plus de trois quarts d'aulne, sur une piece de trente aulnes, & ainsi à proportion d'un plus ou moins grand aulnage; s'ils auront esté teints de bonne teinture, & si on leur aura donné tous les apprests necessaires pour les rendre plus parfaits, & en ce cas ils seront marquez du plomb de fabrique.

Les Gardes & Jurez seront tenus dans chacune desdites visites, de saisir & arrester les pieces de Draps dans lesquelles ils trouveront quelque contravention au present Reglement, & de le faire juger par les Juges des Manufactures, ausquels Sa Majesté enjoint de s'y conformer pour les peines qui y sont ordonnées.

Et en cas que le défaut provienne de l'abus des rames, les Marchands & fabriquans seront condamnez pour la premiere fois en cent livres d'amende, avec confiscation des Draps; & en cas de récidive seront declarez déchûs de leur Maistrise.

Les Marchands fabriquans & Entrepreneurs de Manufactures, seront tenus d'aulner lesdits Draps par le dos, & non par la liziere, & de se servir de l'aune de Paris, suivant les Arrests des 14. Juin & 27. Octobre 1697. sous les peines y portées.

Les Draps tant blancs que teints, destinez pour le Levant, seront representez avant que d'estre envoyez à Marseille, ny aux Foires de Beaucaire, Pezenas, Montagnac & autres, à l'Inspecteur des Manufactures, dans le département duquel ils auront esté fabriquez, pour estre visitez & examinez; & s'ils sont des laines, largeurs & qualitez portées par le present Reglement, estre par luy marquez sans frais, suivant l'Arrest du 1. Septembre 1693. à peine de cinquante liv. d'amende contre le Fabriquant, pour chacune piece qui n'aura pas esté marquée par ledit Inspecteur.

Ledit Inspecteur sera tenu de saisir & arrester les pieces qu'il trouvera défectueuses, pour le faire juger par les Juges des Manufactures; & en cas que les pieces défectueuses ayent esté marquées par les Gardes & Jurez, ils seront condamnez solidairement en 100. livres d'amende.

Et en outre seront encore lesdits Draps visitez à

Marseille, avant que de pouvoir estre chargez pour le Levant, par l'Inspecteur qui y est établi, & par deux Marchands; pour en estre les qualitez, matieres, apprests, longueurs, largeurs & teintures par eux examinez; & en cas de contravention au present Reglement, estre les peines portées par iceluy, ordonnées par les Maire, Eschevins & Députez du Commerce, suivant ledit Arrest du premier Septembre 1693. Seront au surplus lesdits Reglemens generaux de l'année 1669. concernant les Manufactures, executez & observez par lesdits Marchands, Fabriquans, Entrepreneurs de Manufactures, Teinturiers, Tondeurs & Appresteurs pour la fabrique, les teintures & apprests desdits Draps, & pour les peines y portées en cas de contravention, en ce qu'il n'y est changé ny dérogé par le present Reglement; pour l'execution duquel, & des Arrests y mentionnez, seront toutes Lettres necessaires expediées. FAIT au Conseil d'Etat du Roy, Sa Majesté y estant, tenu à Fontainebleau le vingt-deuxiéme jour d'Octobre mil six cens quatre-vingt-dix-sept. Signé, PHELYPEAUX.

ARREST DU CONSEIL D'ETAT DU ROY.

Du troisiéme Decembre 1697.

Qui fait défenses à tous Marchands Drapiers, Manufacturiers, Fabriquans, & autres, d'avoir & tenir chez eux aucunes Presses à fer, airain & à feu, ny de s'en servir pour presser les Draps & Etoffes de laine, à peine de confiscation, & de cinq cens livres d'amende.

Extrait des Registres du Conseil d'Etat.

LE Roy estant informé qu'il s'est establi dans plusieurs endroits du Royaume, & specialement dans la ville de Paris, un usage de Presses à chaud, à fer & airain, quoy qu'expressément défenduës par les Ordonnances de 1508. & 1560. & par celle de 1601. sous prétexte que le Reglement general de 1669. n'en rappelle pas l'execution : Et comme cette maniere de presser les Draps en cache les inégalitez & les défauts, ce qui pourroit donner occasion aux Ouvriers & Fabriquans, de se negliger & faciliter des fraudes dans le commerce : A quoy Sa Majesté desirant pourvoir. Veu lesdites Ordonnances ; & oüy le Rapport du Sieur Phelypeaux de Pontchartrain Conseiller ordinaire au Conseil Royal, Contrôlleur General des Finances : SA MAJESTE' ESTANT EN SON CONSEIL, a ordonné & ordonne, que lesdites Ordonnances des années 1508. 1560. & 1601. seront executées selon leur forme & teneur ; & conformément à icelles fait Sa Majesté tres-expresses inhibitions & défenses à tous Marchands Drapiers, Manufacturiers, Fabriquans, Foulans, Aplagneurs, Tondeurs, & autres tant dans la ville de Paris, que dans les autres Villes & lieux du Royaume, d'avoir & tenir chez eux aucune Presse à fer, airain & à feu, ny de s'en servir pour presser les Draps & Etoffes de laine, à peine de confiscation desdites Presses & Ustancils, & de cinq cens livres d'amende pour chacune contravention. Fait Sa Majesté pareillement défenses à tous Marchands de commander, ny exposer en vente aucuns Draps ny Etoffes de laine qui ayent esté pressées à fer, airain & à feu, à peine de cent livres d'amende pour chacune piece, & de plus grande, en cas de recidive. Enjoint Sa Majesté au Sieur Lieutenant General de Police dans Paris, & aux Sieurs Intendans & Commissaires départis dans les Provinces, de tenir la main à l'execution du present Arrest, qui sera lû, publié & affiché par tout où besoin sera. FAIT au Conseil d'Etat du Roy, Sa Majesté y estant, tenu à Versailles le troisiéme jour de Decembre mil six cens quatre-vingt-dix-sept. Signé, PHELYPEAUX.

ARREST DU CONSEIL D'ETAT DU ROY,

Du treiziéme May 1698.

Portant Reglement pour les Manufactures d'étoffes de Laine de l'étenduë du Duché d'Aumalle, & de la Prevosté de Grandvilliers.

Extrait des Registres du Conseil d'Etat.

VEu au Conseil du Roy les Statuts & Reglemens homologuez en iceluy le 23. Aoust 1666. pour la Manufacture des Serges & autres Etoffes de Laine qui se fabriqueront dans l'étenduë du Duché d'Aumalle, & dans l'étenduë de la Prevosté de Grandvilliers, par lesquels Articles I. XVIII. XX. & XXI. les Fabriquans sont obligez de mettre leur nom à la teste des pieces desdites Estoffes, & de les faire visiter & marquer par les Gardes Jurez avant que les vendre & debiter; à peine de confiscation & de trois cens livres d'amende pour la premiere fois, cinq cens livres d'amende pour la seconde, & en cas de recidive d'estre dégradés du Corps dudit Mestier. Les Reglemens generaux du mois d'Aoust 1669. concernant les Manufactures d'Etoffes de laine du Royaume par l'Article XXXIX. desquels il est ordonné que tous les Draps, Serges, & autres Etoffes seront veuës & visitées par les Gardes Jurez en charge, & par eux marquées de la marque du lieu où elles auront esté fabriquées, si elles sont conformes ausdits Reglemens. Que s'il s'y trouve de la défectuosité, lesdits Gardes,

Jurez les feront saisir & en feront leur rapport aux Juges de Police des Manufactures, pour en ordonner la confiscation, ainsi qu'ils aviseront bon estre, & que si elles n'avoient pas la largeur prescrite par lesdits Reglemens pour leur qualité, les lizieres en seront déchirées; que pour faciliter lesdites visites & marques desdites étoffes, il y aura dans toutes les Villes, Bourgs & Villages du Royaume où lesdites Manufactures sont établies, une chambre de la grandeur necessaire dans les Hostels des Villes ou au Bureau des Communautez desdits Corps, ou autre lieu le plus commode; en laquelle Chambre les Façonniers & Ouvriers seront tenus d'apporter leurs Marchandises pour y estre visitées & marquées, aux jours & heures qui seront reglez & arrestez par les Juges de Police des Manufactures. Qu'à cette fin, les Gardes & Jurez seront tenus de s'y trouver. Que si lesdites Marchandises estoient portées en autres Villes pour y estre débitées, & que la marque du lieu où elles auroient esté manufacturées n'y eût pas esté apposée, ou que le nom de l'Ouvrier n'eût esté mis sur le mestier au chef & premier bout desdites pieces de Marchandises, elles seront saisies & sur le rapport & à la diligence des Maistres & Gardes Jurez, la confiscation en sera poursuivie pardevant les Juges de Police des Manufactures. Qu'aucuns Marchands & Ouvriers ne pourront exposer en vente, vendre ny achetter lesdites Marchandises qu'au préalable elles n'ayent esté marquées, ny les Gardes & Jurez des lieux où lesdites Marchandises auront esté faites, ne les pourront marquer d'autres marques que de celles desdits lieux; le tout à peine de confiscation desdites Marchandises, & de plus grande s'il y échet. Et par l'Article LI. que le nom des Maistres, Ouvriers & Façonniers sera mis sur le chef & premier bout de chacune piece desdites Marchandises sur le mestier

& non à l'éguille. Un Arrest du Conseil du dernier jour de Decembre 1675. par lequel il est ordonné que les Gardes & Jurez Drapiers & Sergers dans les Villes, Bourgs & Villages du Royaume, tiendront bon & fidel Registre de toutes les pieces d'Etoffes qu'ils visiteront & marqueront; comme aussi des amendes & confiscations qui seront prononcées sur les étoffes défectueuses & fabriquées en contravention desdits Reglemens. Un autre Arrest du Conseil du 5. Avril 1693. par lequel Sa Majesté auroit ordonné que les Entrepreneurs des Draperies, & les Maistres Drapiers drapans & Sergers de toutes les Provinces du Royaume, mettront leur nom & celuy du lieu de leur demeure sans abreviation, ensemble le numero des pieces au chef & premier bout de chacune piece d'Etoffe sur le mestier ou à l'aiguille, avant que l'Etoffe soit mise au foulon. Et Sa Majesté estant informée que ce qui est prescrit par lesdits Statuts & Reglemens particuliers, par lesdits Reglemens generaux & par lesdits Arrests, n'est point executé par les Fabriquans de l'étenduë du Duché d'Aumalle, & par ceux de la Prevosté de Grandvilliers, qu'il n'y a que deux Bureaux établis pour la visite & marque des Etoffes de toutes les fabriques qui sont établies dans l'étenduë dudit Duché, de ladite Prevosté & des lieux circonvoisins où il se fait des Etoffes de mesme qualité, ausquels les Fabriquans ne portent point leurs Etoffes pour les faire marquer de plomb de fabrique, à cause de l'éloignement desdits Bureaux de la plus grande partie desdits lieux de fabrique; qu'il n'y a que deux endroits seulement: Sçavoir, Aumalle & Grandvilliers, où il y ait des Gardes & Jurez qui ne peuvent faire les visites ordonnées par lesdits Statuts particuliers, sur les métiers & sur le travail des Ouvriers, à cause du grand nombre desdits lieux de Fabrique & de leur éloignement,

ment, & que les Fabriquans vendent & exposent en vente leurs Etoffes sans les avoir fait visiter ny marquer d'aucun plomb de fabrique; ce qui a donné lieu à plusieurs abus qui font un préjudice considerable ausdites Manufactures & en causeroient la ruine entiere, s'il n'y estoit pourvû par l'établissement d'un plus grand nombre de Bureaux dans les lieux plus à portée & plus commodes par leur proximité des lieux de fabrique & par l'établissement des Gardes Jurez dans les lieux où seront établis lesdits Bureaux. Veu aussi les Procés verbaux & memoires dressez sur ce par les Inspecteurs des Manufactures, & les avis des Sieurs Intendans des Generalitez de Roüen & de Picardie, dans les départemens desquels sont lesdites Manufactures. Oüy le Rapport du Sieur Phelypeaux de Ponchartrain, Conseiller ordinaire au Conseil Royal, Contrôlleur General des Finances: Le Roy estant en son Conseil, a ordonné & ordonne, que conformément ausdits Articles XVIII. des Statuts & Reglemens particuliers d'Aumalle & de Grandvilliers, & LI. des Reglemens generaux, & audit Arrest du Conseil du septiéme Avril 1693. les Fabriquans établis dans l'étenduë dudit Duché d'Aumalle, & ceux qui sont establis dans l'étenduë de la Prevosté de Grandvilliers & lieux circonvoisins mettront leur nom & celuy du lieu de leur demeure sur le mestier ou à l'aiguille, au chef & premier bout de chacune piece des Etoffes qu'ils fabriqueront avant quelles soient portées au foulon, & que conformément aux Articles premier XX. & XXI. desdits Statuts & Reglemens particuliers, & XXXIX. desdits Reglemens generaux, lesdites Etoffes seront veuës & visitées par les Gardes & Jurez desdits Fabriquans & par eux marquées du plomb de fabrique, si elles sont des qualitez, largeurs & longueurs prescrites par lesdits Reglemens ; à l'effet de quoy tous lesdits Fabriquans de la Ville & des lieux dépendans du Duché d'Aumalle, ensemble ceux des lieux de Vieille-lande, Bernonpré, Benigmont, Richemont, Saint Martin-aux-bois, Crequiers, Abencourt, Belleville, La Boissiere, Guibermenil, Capmesville, Leomer, Senerpon, Binapré, Menilaudin, Lignersfaucocourt, Fremeville, Adainville, Rembure, Villaire, Vilaire-cansard, Dromenil, Boreau & Cochoyvillaire, seront tenus d'apporter à l'avenir leurs Etoffes au Bureau étably dans la ville d'Aumalle, pour y estre visitées & marquées du plomb de fabrique avant que d'estre exposées en vente. Et à l'égard de la Prevosté de Grandvilliers outre le bureau étably à Granvilliers il en sera étably deux autres ; sçavoir, un à Lignieres & l'autre à Mollien, & seront tenus les fabriquans établis dans le Bourg de Grandvilliers, & ceux établis dans les lieux de Halloy, Briot, Sernois, Halion, Brambos, Elancourt, La verriere, Dargy, Gré, Domecourt, Thulloy, Saint-Maure, Escatel, Ladreux, Sercu, Hamel, Rieux, Sanpuis, Halencourt, Gaudechart, Baudeduit, Anneuie, saint Nicourt, Honnecourt, Loïeuse, Haubos & Saint-Dely, de porter leurs Etoffes au Bureau étably dans le Bourg de Grandvilliers pour y estre pareillement visitées & marquées du plomb de fabrique avant que d'estre exposées en vente. Les Fabriquans des lieux de Lignieres, Colliers, Mignieux, Marlet, Offigny, Supplicourt, Saint Segret, Escampes, Fretemolles, Maronde, Betembos, Grandsert, Bretencourt, Uregne, Faye les Hornois, Besancourt, Boulinvilliers, Tronchon, Moyencourt, Tulloyville, Tulloy-le-Faie, Hornois, Romeschamp, Le Capelle, Cochoy, Esplechielle, Cloreau & Buchy, seront tenus de porter leurs Etoffes au Bureau qui sera étably dans le lieu de Lignieres pour y estre visitées & marquées du plomb de fabrique avant que d'estre exposées en vente. Et les Fabriquans des lieux de Mollien, Pleuville, Neuville, saint Thibault, Marcoquet, Espaux, saint Arnoult, Montchaud, Abancourt, Blergy & Armontboutaven, seront tenus de porter leurs Etoffes au Bureau qui sera étably à Mollien pour y estre visitées & marquées du plomb de fabrique, avant que d'estre exposées en vente : Ordonne pareillement Sa Majesté que dans ladite ville d'Aumalle, dans ledit Bourg de Grandvilliers & dans lesdits lieux de Lignieres & de Mollien, il sera à l'avenir élû des Gardes-Jurez, soit du nombre des Fabriquans y établis, ou de ceux établis dans les autres lieux dépendans desdits Bureaux pour faire les visites sur les Métiers, & la marque des Etoffes ordonnées par lesdits Statuts & Reglemens particuliers, & par lesdits Reglemens generaux ; lesquels Gardes Jurez tiendront conformément ausdits Arrests du 31. Decembre 1695. bon & fidel registre de toutes les pieces des Etoffes qu'ils visiteront & marqueront ; comme aussi des amendes & confiscations qui seront ordonnées sur les saisies qui seront faites des Etoffes défectueuses ou fabriquées en contravention desdits Reglemens dans les lieux dépendans de leur Bureau; & en consequence fait Sa Majesté défenses ausd. Fabriquans & à tous autres de vendre & d'exposer en vente aucune piece d'étoffe sans les avoir fait visiter & marquer du plomb de fabrique du Bureau, auquel elles doivent estre portées pour y estre visitées & marquées suivant le present Arrest, & non d'autre, sans préjudice des Bureaux établies à Feuquieres & Hardivilliers où les Etoffes de la fabrique desdits lieux & autres circonvoisins continuëront d'être portées pour y estre visitées & marquées, ainsi qu'il a esté pratiqué jusques à present, le tout aux peines portées par lesdits Statuts & Reglemens generaux; lesquels Sa Majesté veut & entend qu'ils soient au surplus executez selon leur forme & teneur. Enjoint Sa Majesté aux Sieurs Intendans & Commissaires départis pour l'execution de ses ordres dans lesdites Generalitez de Roüen & de Picardie, dans les départemens desquels sont établies lesdites Manufactures, de tenir la main à l'execution du present Arrest. FAIT au Conseil d'Etat du Roy, Sa Majesté y estant, tenu à Marly le treiziéme jour de May mil six cens quatre-vingt-dix-huit. Signé, PHELYPEAUX.

ARREST DU CONSEIL D'ETAT DU ROY,

Du quatriéme Novembre 1698.

Portant Reglement pour les Manufactures de la Province du Poitou.

Extrait des Registres du Conseil d'Etat du Roy.

SUR ce qui a esté representé au Roy estant en son Conseil, que quoy que par les Reglemens generaux du mois d'Aoust 1669. concernant les Manufactures d'Etoffes de Laines, les largeurs, longueurs & qualitez desdites Etoffes ayent esté prescrites, il s'est neanmoins glissé plusieurs abus dans les Manufactures de la Province du Poitou, & que les Etoffes qui s'y fabriquent sont de tres mauvaise qualité, défectueuses en largeur, & qu'elles se retirent dans l'usage, & aprés qu'elles ont esté employées en habits, pour avoir esté tirées avec excés, tant en largeur qu'en longueur avec des poulies & autres instrumens; ce qui peut provenir de ce que lesdits Reglemens Generaux de 1669. ne contiennent aucune disposition particuliere pour la fabrique desdites Etoffes, ny pour les largeurs & longueurs qu'elles doivent avoir en toile, & au sortir du métier, ce qui s'appelle dans ladite Province *besogne faite*. A quoy Sa Majesté ayant résolu de pourvoir, Elle auroit envoyé au Sieur de Maupeou d'Ableiges Conseiller de Sa Majesté en ses Conseils, Maistre des Requestes ordinaire de son Hostel, Commissaire départy pour l'execution de ses ordres en ladite Province, avec les Memoires des plaintes qui ont esté faites par les Marchands de Paris, & de plusieurs autres Villes du Royaume, contre les défauts desdites Etoffes; ses ordres pour entendre les Fabriquans des principaux lieux de Fabrique, & les Marchands des principales Villes de la Province, sur ce qui estoit proposé par lesdits Memoires pour rétablir le bon ordre dans les Fabriques desdites Etoffes, & soûtenir le commerce; qui s'en fait tant dedans que dehors le Royaume; dresser Procés verbal de ce qui seroit sur ce résolu dans les Assemblées desdits Marchands & Fabriquans, & donner son avis, pour le tout rapporté à Sa Majesté, estre ordonné ce que de raison: A quoy ledit Sieur de Maupeou d'Ableiges auroit satisfait dans les Villes de Partenay, Niort & Bressuire, & envoyé les Procés verbaux, avec les Déliberations des Communautez des Marchands & Fabriquans desdites Villes, & son Avis: mais attendu qu'il reste encore à faire les mesmes diligences dans les autres lieux de Fabrique de la mesme Province, Sa Majesté auroit résolu de les faire continuer; & cependant ayant fait communiquer lesdits Procés verbaux, & Déliberations aux Gardes des Marchands de la ville de Paris, qui en auroient conferé avec des Marchands de ladite Province de Poitou, & donné leur Avis, Sa Majesté auroit resolu de faire un Reglement provisionnel sur la fabrique des Etoffes de ladite Province, conformément ausdites Déliberations desdites villes de Partenay, Bressuire & Niort, & aux Avis desdits Marchands, afin de faire cesser dés à present le cours des abus qui se commettent dans la Fabrique desdites Etoffes. Veu lesdits Reglemens generaux du mois d'Aoust 1669. les Procés verbaux des Assemblées tenuës en consequence desdits Ordres les 1. 15. 20. & 27. Juin dernier dans lesdites villes de Partenay, Bressuire & Niort; ensemble l'Avis dudit Sieur de Maupeou d'Ableiges, & ceux desdits Marchands, & tout consideré : Oüy le Rapport du Sieur Phelypeaux de Pontchartrain Conseiller ordinaire au Conseil Royal, Contrôlleur General des Finances : SA MAJESTÉ ESTANT EN SON CONSEIL, a ordonné & ordonne, que pardevant ledit Sieur de Maupeou d'Ableiges, & en son absence pardevant les Juges des Manufactures, il sera tenu dans deux mois en chacun des lieux de Fabrique de ladite Province de Poitou, autres qu'és villes de Partenay, Bressuire & Niort, une assemblée tant des Fabriquans desdites étoffes, que des Marchands qui en font commerce, pour déliberer sur ce qu'il convient de faire pour la perfection desdites Etoffes, & en estre les Procés verbaux remis audit Sieur de Maupeou, & iceux par luy envoyez avec son Avis à Sa Majesté, estre ordonné ce que de raison.

Et cependant ordonne Sa Majesté que les Serges rases de deux estains qui se fabriquent à saint Maixant, la Mothe, Mesle, Vivonne, Lusignan, & autres lieux de ladite Province de Poitou, & qui doivent avoir une demie aulne de large, & vingt-une aulne de long tout apprestées, auront en toille & au sortir du métier demie aulne & demy-douze, ou un vingt-quatre de large, & vingt-quatre à vingt-cinq aulnes de long.

Les Serges rases qui se font en blanc dans lesdits lieux, seront composées de trente-neuf à quarante portées, & celles qui se font couleur de brebis communément appellées Beiges, seront composées de trente-huit à trente-neuf portées au moins, & les portées de chacune vingt fils.

Les Droguets de pure laine cardée ou chaîne d'étain qui se fabriquent à Niort, Partenay, saint Loup, Azais & autres lieux circonvoisins, & qui doivent avoir une demie aulne de large & trente-huit à quarante aulnes de long tout apprestés, auront trois quarts & un demy-seize, ou un trente-deuxiéme de large, & quarante-six à quarante-huit aulnes en toille au sortir du métier.

Les Droguets croisez toute laine ou chaîne d'étain, qui doivent avoir aussi demy aulne de large, & trente-huit à quarante aulnes de long tout aprestés, auront trois quarts de large, & quarante-six à quarante-huit aulnes de long en toille au sortir du métier.

Les Droguets meslez de soye qui doivent avoir demie aulne de large, & trente-huit à quarante aulne de long tout aprestées, auront deux tiers & un demy-seize, ou un trente-deuxiéme de large, quarante-six à quarante-huit aulnes de long en toille & au sortir du métier, les chaînes seront composées de trente-quatre, trente cinq à trente-six portées de seize fils chacune, moitié soye & moitié laine, en sorte qu'il n'y ait pas moins de deux fils de soye en puë, ny moins de deux fils de laine aussi en puë.

Les Droguets sur fil qui doivent avoir demy aulne de large, & quarante aulnes de long tout aprestez, auront trois quarts de large, & quarante-trois aulnes de long au moins en toille au ſortir du métier.

Les Serges raſes griſes mêlées de deux eſtains, & les Eſtamines foulées qui ſe fabriquent à Niort, Poitiers, Thoüars, & autres lieux de la Province, qui doivent avoir demie aulne de large, & vingt-une aulne de long tout apreſtées, auront demie aulne & un demy douze de large, & vingt-cinq à vingt-ſix aulnes de long en toille au ſortir du métier.

Les Eſtamines camelotées qui doivent avoir demie aulne de large, & trente-cinq à quarante aulnes de long tout apreſtées, auront demie aulne demy-ſeize, & quarante-cinq aulnes de long en toille au ſortir du metier.

Les groſſes Serges drapées qui ſe fabriquent à Niort & autres lieux de la Province, qui doivent avoir une aulne de large, & quinze à ſeize aulnes de long tout apreſtées, auront une aulne un quart & demy de large, & vingt à vingt-deux aulnes de long en toille au ſortir du métier ; & les Fabriquans qui feront deſdites Serges, ſeront tenus de mettre au milieu du lis ou liſiere un fil bleu ou jaune pour les diſtinguer des autres Etoffes.

Les Draps qui ſe fabriquent de laine pure à Fontenay le-Comte & Coulonges, & doivent avoir une aulne de large, & quinze à ſeize aulnes de long tout apreſtées, auront deux aulnes de large, & vingt-deux à vingt quatre aulnes de long en toille au ſortir du métier.

Les Droguets croiſez drapez qui ſe fabriquent au Breüil-Barret, la Caſteigneraye, ſaint Pierre du Chemin, Cheuſois & autres lieux circonvoiſins, appellez communément Campes, Sergettes & Cadiſez fabriquez de laines étrangeres ou de laines du Païs, & qui doivent avoir demie aulne de large & quarante aulnes de long tout apprêtées, auront trois quarts de large & quarante - huit aulnes de long en toille au ſortir du métier, & les chaînes ſeront montées en quarante-huit portées au moins de chacune ſeize fils.

Les Etoffes de pareille qualité qui ſe feront dans leſdits lieux pour avoir une aulne de large tout aprêtées, auront une aulne un quart & demy en toille au ſortir du métier, & les chaînes ſeront montées en quatre-vingt-douze portées au moins de chacune ſeize fils.

Les Tiretaines chaîne de fil à deux marches, qui ſe fabriquent à Breſſuire & Montcoutant avec des laines étrangeres ou du païs, ou des avalies en treme, & doivent avoir demie aulne de large & quarante aulnes de long tout apreſtées, auront demie aulne & un ſeize, & quarante-trois aulnes de long en toille au ſortir du métier.

Les Tiretaines à petits carreaux ou croiſées qui ſe fabriquent à trois ou quatre marches, & doivent avoir demie aulne de large, & trente-neuf à quarante aulnes de long tout apreſtées, auront demie aulne demy-ſeize de large, & quarante-deux aulnes de long en toille au ſortir du métier.

Les Tiretaines communes qui ſe font à Vernon, ſaint Meſmin, la Meilleraye, Azais; Secondigné, & autres lieux, auront pareillement demie aulne demy ſeize de large, & quarante-deux aulnes de long en toille au ſortir du métier, pour avoir demie aulne de large, & trente-neuf à quarante aulnes de long tout apreſtées.

Les Serges de deux laines, ou chaîne d'eſtain qui ſe fabriquent à Luſignan, Poitiers, Chaſtelleraule, Vivonne, Chaſtel-la-chaize, Genſay, Civay, Charroux, Thoüars, & dans les autres lieux de la Province, qui doivent avoir une demie aulne de large &

vingt-une aulne de long tout apreſtées, auront trois quarts de large, & vingt-ſept à vingt-huit aulnes de long en toille au ſortir du métier.

Les Revêches croiſées qui doivent avoir une demie aulne de large & vingt à vingt-deux aulnes de long tout apreſtées, auront trois quarts de large, & vingt-ſept à vingt-huit aulnes de long en toille au ſortir du métier.

Toutes les Etoffes cy-deſſus ſeront bien tiſſuës, bien remplies de tremes, ſeront également travaillées, & ſe feront uniformes en bonté & en force dans toute l'étenduë des pieces.

Il ne pourra eſtre employé des peignons dans la fabrique deſdites Etoffes, excepté dans les Serges drapées croiſées, les Tiretaines communes & les Revêches croiſées, à peine de confiſcation des autres Etoffes dans leſquelles il auroit eſté employé des peignons, & de dix livres d'amende pour chacune piece.

Les Maiſtres Fabriquans mettront & feront mettre au chef de chacune piece des Etoffes qu'ils fabriqueront & feront fabriquer par leurs Ouvriers, outre leur nom celuy du lieu de leur demeure, avec un fil d'une laine d'une couleur differente de celle de la piece, & le numero de la piece à compter du premier jour de l'année.

Nulles autres perſonnes que les Maiſtres des Communautez de Drapiers, Sergers & Fabriquans d'Etoffes reçûs en la maniere & aprés avoir ſatisfait aux formalitez preſcrites par leſdits Reglemens generaux du mois d'Aouſt 1669. ne pourront faire fabriquer des Etoffes dans aucun lieu de fabrique, ny dans aucun autre lieu de ladite Province, à peine de confiſcation des Etoffes, matieres, métiers & uſtanciles dont ils ſe ſerviroient, & de mil livres d'amende.

Leſdites Etoffes ſeront viſitées par les Gardes & Jurez Fabriquans des lieux où elles auront esté fabriquées en toille avant que d'estre portées au Foulon; & si elles se trouvent bien fabriquées conformément au present Reglement, la quantité d'aulnes que contiendra chaque piece sera marquée avec un fil de laine d'une couleur differente de celle de la piece d'Etoffe à un des bouts de la piece, ensemble le numero du rang auquel elle aura passé au Bureau qui sera étably en chacun desdits lieux de fabrique pour ladite visite; lequel numero sera aussi marqué avec le nom du Fabriquant à qui elle appartiendra, sur le registre que lesdits Gardes Jurez tiendront des pieces qu'ils visiteront ainsi en toille.

Les Foulonniers ne pourront recevoir dans leurs Moulins des Etoffes qui n'auront pas esté visitées en toille, marquées & numerotées comme dessus, à peine de trois livres d'amende pour chacune piece d'Etoffe qui sera trouvée dans lesdits Moulins sans lesdites marques, & de dix livres d'amende pour la premiere fois contre le Fabriquant auquel la piece appartiendra, & de confiscation de l'Etoffe pour la seconde fois.

Lesdits Foulonniers ne pourront fouler les Etoffes de pure & bonne laine, avec des Etoffes meslées de peignons, à peine de dix livres d'amende pour la premiere fois, & d'estre chassez des Moulins à Foulon en cas de recidive.

Les Foulonniers, Tondeurs & Apresteurs desdites Etoffes, ne pourront rouler aucunes Etoffes de quelque qualité qu'elles soient à chaud en quelque maniere que ce soit, soit en mettant du feu dessous & dessus, soit en faisant chauffer les rouleaux ou autrement, à peine de cent livres d'amende pour la premiere fois, & de décheance de la Maistrise en cas de recidive.

Toutes lesdites Etoffes seront aprestées à aprest d'eau, de maniere qu'elles ne puissent se retirer ni en long ni en large lorsqu'elles seront moüillées aprés avoir esté aprestées, à peine de confiscation des pieces qui se retireront, & de cent livres d'amende contre le Tondeur Foulonnier & Apresteur pour chacune piece qui estant moüillée aprés avoir esté aprestée, perdra de sa largeur ou sa longueur.

Lesdites Etoffes seront visitées une seconde fois par lesdits Gardes Jurez, aprés qu'elles auront esté foulées & aprestées, & seront par eux marquées du plomb de fabrique ordonné par l'Article XXXIX. des Reglemens generaux de l'année 1669. si elles se trouvent de bonne qualité, bien foulées, & bien aprestées, & des longueurs & largeurs prescrites par le present Reglement, suivant leur qualité; & s'il se trouvoit lors de ladite seconde Visite quelque déchet dans l'Etoffe arrivé par la faute, negligence, ou le mauvais travail du Foulonnier, ledit Foulonnier sera condamné à une amende proportionnée au déchet que l'Etoffe aura reçuë.

Lesdits Jurez pourront de temps en temps lors de la seconde Visite qu'ils feront desdites Etoffes aprés qu'elles auront esté aprestées, faire moüiller quelques pieces desdites Etoffes pour verifier la bonté de l'aprest.

Ne pourront lesdits Gardes Jurez frapper aucun plomb de la marque de fabrique, que le plomb ne soit appliqué à une piece d'Etoffe, à peine de cent livres d'amende, & de décheance de la Jurande.

Lesdits Jurez feront au moins quatre Visites generales dans toutes les Boutiques où les Maistres Fabriquans de leur Communauté travailleront ou feront travailler leurs Ouvriers; comme aussi dans les Moulins à Foulon où les Etoffes du lieu de leur fabrique ſont portées pour eſtre foulées.

Leſdits Jurez feront encore de temps en temps des Viſites particulieres quand bon leur ſemblera dans leſdites Boutiques & dans leſdits Moulins, & feront ſaiſir tout ce qu'ils y trouveront en contravention au preſent Reglement.

Et pour favoriſer leſdits Jurez, & les engager à faire exactement leurs fonctions pour l'execution du preſent Reglement; Sa Majeſté les a exempté & exempte par ces Preſentes, de la Collecte des Tailles & autres Impoſitions, & de logement de Gens de Guerre pendant l'exercice de leur Jurande, qui ne pourra durer plus de deux années, à la charge qu'il ne pourra y avoir que quatre Jurez en Charge dans chacun lieu de fabrique. Dans les Villes de la Province où il y a des Fabriques établies, & dans leſquelles il y a au moins ſix Marchands faiſant commerce des Etoffes, il en ſera nommé un tous les ans, ou deux s'il y a plus grand nombre de Marchands, pour aſſiſter quand bon leur ſemblera aux Viſites qui ſe feront par leſdits Jurez Fabriquans dans le Bureau qui ſera étably à cet effet, tant des Etoffes en toille, que des Etoffes appreſtées.

Les Fabriquans qui auront chez eux des Etoffes faites ou commencées ſur leurs Meſtiers lors de la publication du preſent Reglement, & les Marchands qui en ſeront chargez dans leurs Magaſins, ſeront tenus de s'en défaire dans trois mois du jour de la publication du preſent Reglement.

Toutes les Etoffes qui ſe trouveront aprés le premier jour du mois d'Avril de l'année prochaine mil ſix cens quatre-vingt-dix neuf chez les Marchands & chez les fabriquans de ladite Province non conformes au preſent Reglement, ſeront confiſqués & coupées de deux aulnes en deux aulnes, & distribuées aux pauvres des lieux. Lesdits Reglemens generaux du mois d'Aoust mil six cens soixante-neuf seront au surplus executez selon leur forme & teneur, en ce qui n'y est dérogé par le present Reglement, aux peines y portées en cas de contravention. Sera le present Reglement enregistré, lû & publié dans toutes les Villes & lieux de Fabrique & de commerce de ladite Province de Poitou, tant dans les Hostels de Ville & autres lieux où se tient la Jurisdiction des Manufactures, que dans tous les Bureaux des Communautez des Marchands & des Fabriquans de ladite Province, à ce que personne n'en puisse prétendre cause d'ignorance. Enjoint Sa Majesté au Sieur Commissaire départy pour l'execution de ses ordres dans ladite Province de Poitou, de tenir la main à l'execution du present Reglement; & à tous Juges des Manufactures de ladite Province de s'y conformer dans les Jugemens qu'ils rendront sur les contestations qui seront portées devant eux au sujet de l'execution d'iceluy. FAIT au Conseil d'Etat du Roy, Sa Majesté y estant, tenu à Fontainebleau le quatriéme jour de Novembre mil six cens quatre-vingt-dix-huit. Signé, PHELYPEAUX.

ARREST DU CONSEIL D'ETAT DU ROY,

Du neuviéme May 1699.

Portant Reglement pour le Commerce des Laines.

Extrait des Registres du Conseil d'Etat.

LE Roy estant informé qu'il s'est introduit plusieurs abus dans le Commerce des Laines du Royaume ; & que dans les Provinces plusieurs personnes de toutes qualitez se mêlent de les achetter des Fermiers, Laboureurs, & autres qui élevent & nourrissent des Troupeaux, quelquefois mesme avant que les Moutons ayent esté tondus, & se rendent ainsi maistres de toutes les Laines pour les revendre ensuite bien cher ; ce qui en augmente le prix, & par consequent celuy des Manufactures d'Etoffe de Laine, en fait cesser les travaux, & ruine le commerce qui se fait desdites Etoffes, tant dedans que dehors le Royaume. A quoy estant necessaire de pourvoir : Oüy le Rapport du Sieur Phelypeaux de Pontchartrain Conseiller ordinaire au Conseil Royal, Contrôlleur General des Finances : SA MAJESTE' ESTANT EN SON CONSEIL, a fait & fait tres expresses inhibitions & défenses à toutes personnes de quelque qualité & condition qu'elles soient, d'enarrher ny achetter chez les Fermiers, Laboureurs & autres qui nourrissent des Troupeaux, les Laines des Moutons & Brebis avant qu'ils ayent esté tondus, à peine de nullité des Ventes, perte des deniers qui auront esté fournis d'avance pour lesdits achats, & de cinq cens livres d'amende, qui ne pourra estre remise ny moderée. Fait pareillement Sa Majesté défenses à toutes personnes qui ne sont Marchands de Laine, ou Fabriquans d'Etoffes, d'achetter des Laines pour les revendre & en faire Trafic & Commerce, à peine de confiscation des Laines dont ils se trouveront saisis, & de mille livres d'amende, & en cas de recidive, de punition corporelle: desquelles amendes & confiscations il en appartiendra un tiers au dénonciateur, un tiers aux Hôpitaux & pauvres des lieux, & le surplus à sa Majesté. Enjoint Sa Majesté aux Sieurs Intendans & Commissaires départis pour l'execution de ses Ordres, de tenir la main à l'execution du present Arrest. FAIT au Conseil d'Etat du Roy, Sa Majesté y estant, tenu à Versailles le neuviéme jour de May mil six cens quatre-vingt-dix-neuf. Signé, PHELYPEAUX.

ARREST DU CONSEIL D'ETAT DU ROY,

Du deuxiéme Juin 1699.

En interpretation de celuy du neuf May dernier, Portant Reglement pour le Commerce des Laines.

Extrait des Registres du Conseil d'Etat.

LE Roy ayant par Arrest de son Conseil du neuf May dernier fait défenses à toutes personnes d'enharrer ny achetter chez les Fermiers, Laboureurs

&

& autres qui nourriſſent des Troupeaux, les Laines de Moutons & Brebis avant qu'ils ayent eſté tondus ; & à toutes perſonnes qui ne ſont Marchands de Laines ou Fabriquans d'Etoffes, d'achetter des Laines pour les revendre, & en faire trafic & commerce; Sa Majeſté auroit eſté informée qu'en divers lieux l'uſage ordinaire eſt de vendre dans le mois de May les Laines ſur les beſtes avant qu'elles ſoient tonduës, & que cela convient mieux au bien du commerce, parce que les acheteurs prennent ſoin eux-meſmes de tondre & faire tondre les Moutons & Brebis, qu'ils ménagent mieux les Laines par l'intereſt qu'ils y ont, qu'ils en font le triage en meſme temps, pour aprés les avoir lavées & blanchies, les vendre ſelon leurs differentes eſpeces; en ſorte qu'on ne doit regarder comme vitieux & abuſifs, que les achats & enarrhemens des Laines qui ſont faits avant le mois de May : A quoy eſtant neceſſaire de pourvoir : Oüy le Rapport du Sieur Phelypeaux de Pontchartrain, Conſeiller ordinaire au Conſeil Royal, Contrôlleur General des Finances. LE ROY ESTANT EN SON CONSEIL, en interpretant ledit Arreſt du 9. May dernier, & juſqu'à ce qu'autrement en ait eſté ordonné; a fait & fait tres expreſſes inhibitions & défenſes à toutes perſonnes de quelque qualité & condition qu'elles ſoient, d'enharrer ny achetter chez les Fermiers, Laboureurs & autres qui nourriſſent des Troupeaux, les Laines ſur les Moutons & Brebis avant le mois de May de chacune année, ſur les peines portées par ledit Arreſt, qui n'aura lieu & ne pourra eſtre tiré à conſequence pour les achats & ventes de Laines ſur la beſte, faits depuis ledit Arreſt, lequel au ſurplus ſera executé ſelon ſa forme & teneur. Enjoint Sa Majeſté aux Sieurs Intendans & Commiſſaires départis pour l'execution de ſes Ordres, de tenir la main à l'execution du present Arrest. FAIT au Conseil d'Etat du Roy, Sa Majesté y estant, tenu à Marly le deuxiéme jour de Juin mil six cens quatre-vingt-dix-neuf. Signé, PHELYPEAUX.

DECLARATION DU ROY,

Concernant les Appellations des Jugemens des Lieutenans de Police, & autres fonctions des mesmes Officiers.

Du vingt-huitiéme Decembre 1700.

LOUIS par la grace de Dieu Roy de France & de Navarre : A tous ceux qui ces presentes Lettres verront, SALUT. Nous avons par nos Edits du mois d'Octobre & Novembre mil six cens quatre-vingt-dix-neuf, créé tous les Officiers necessaires pour l'administration de la Police dans toutes les Villes & lieux de nostre Royaume où la Justice Nous appartient, pour en faire les fonctions, ainsi que fait le Lieutenant General de Police de Paris créé par nôtre Edit du mois de Mars mil six cens soixante-sept. Mais comme nous ne nous sommes pas suffisamment expliquez au sujet des appellations de leurs Jugemens, Nous avons esté informez qu'il est survenu plusieurs contestations à ce sujet, ainsi que sur quelques-unes des attributions que nous leur avons faites par lesdits Edits; sur quoy Nous avons crû d'autant plus necessaire d'expliquer disertement nos intentions que jusques à present la Jurisprudence & l'usage sur le fait desdites appellations ont esté tres-differens dans les Ressorts de tous nos Parlemens. A CES CAUSES, & autres à ce nous mouvans, & de nostre certaine ſcience, pleine puiſſance & autorité Royale, Nous avons par ces Preſentes ſignées de noſtre main, dit, declaré & ordonné, diſons, declarons & ordonnons, voulons & nous plaiſt, que l'appel des Ordonnances & Jugemens qui ſeront rendus par les Lieutenans Generaux de Police, ou en leur abſence par nos Procureurs dans les Villes & lieux, où avant leur création l'appel des Sentences renduës par nos Juges ſur le fait de la Police, eſtoit porté directement en nos Cours, ne puiſſe eſtre relevé qu'en noſdites Cours. Voulons pareillement que l'appel des Ordonnances & Jugemens qui ſeront rendus par les Lieutenans Generaux des Baillages & autres Sieges dont les Appellations relevent directement en nos Cours, leſquels ont obtenu ou obtiendront cy-aprés la réunion à leurs Offices de ceux de Lieutenans Generaux de Police ſoit auſſi porté en noſdites Cours. Faiſons défenſes aux Officiers des Bailliages, Senéchauſſées & Sieges Preſidiaux d'en connoiſtre, & de donner aucunes défenſes de les executer, à peine de nullité de leurs Jugemens, & de tous dommages & intereſts des Parties. Voulons qu'hors les cas cy-deſſus exprimez, les Appellations des Jugemens rendus par les Lieutenans Generaux de Police établis dans les Villes & lieux diſtans de plus de dix lieuës de nos Cours ſoient portées aux Baillages & autres Sieges où reſſortiſſoient avant noſtredit Edit, les Appellations des Jugemens rendus par les Juges de Police deſdits lieux; & à l'égard des Villes & lieux ſituez dans l'étenduë des dix lieuës, les Appellations des Lieutenans Generaux de Police qui y ſeront établis, ſeront portées en noſdites Cours. Ordonnons en outre, que dans l'un ou l'autre deſdits cas, ſoit que l'appel deſdites Sentences ſoit porté dans noſdites Cours, ou dans les Bailliages & Senéchauſſées, les Jugemens deſdits Lieutenans Generaux de

Police,qui ne porteront condamnation d'amendes que jusques à soixante sols, seront executez par provision, nonobstant l'appel, sans que pour quelque cause que ce puisse estre, les Juges d'appel puissent faire des défenses de les executer, lesquelles défenses Nous avons dés à present levées & declarées nulles & de nul effet. Voulons que lesdits Lieutenans Generaux de Police ayent rang, sceance, & voix déliberative dans les Bailliages & Siéges Presidiaux, & autres Sieges ordinaires des Villes de leur établissement, tant aux Audiances, que Chambres du Conseil, immediatement aprés les Lieutenans Generaux, & autres premiers Juges desdits Sieges, & avant les Lieutenans Criminels, Lieutenans Particuliers, & tous autres Juges, & dans les Hostels de Villes en toutes assemblées aprés le Maire, sans qu'ils puissent neanmoins prétendre presider en l'absence, soit des Lieutenans Generaux ou des Maires; mais auront seulement sceance immediatement aprés celuy qui presidera. Auront pareillement lesdits Lieutenans Generaux de Police dans toutes les Assemblées & Ceremonies, publiques, mesme rang aprés les Lieutenans Generaux, en l'absence desquels ils precederont dans lesdites Assemblées & Ceremonies, tous les autres Officiers qui sont precedez par lesdits Lieutenans Generaux : Comme aussi voulons qu'ils ayent rang & sceance dans les Bureaux établis pour la direction des Hôpitaux, immediatement aprés les Lieutenans Generaux ou autres premiers Juges des Sieges en l'absence desquels ils presideront, en cas que la presidence appartienne ausdits Lieutenans Generaux, ou autres premiers Juges. SI DONNONS EN MANDEMENT à nos amez & feaux Conseillers, les Gens tenans nôtre Cour de Parlement à Paris, que ces Presentes i's ayent à faire lire, publier & registrer, & le contenu en icelles garder, obſerver & executer ſelon leur forme & teneur, nonobſtant tous Edits, Declarations', Reglemens & autres choſes à ce contraires, auſquels Nous avons dérogé & dérogeons par ces Preſentes: CAR tel eſt noſtre plaiſir, en témoin de quoy Nous avons fait mettre noſtre Scel à ceſdites Preſentes. DONNE' à Verſailles le vingt-huitiéme jour de Decembre, l'an de grace mil ſept cens, & de noſtre Regne le cinquante-huitiéme. Signé, LOUIS; *Et plus bas*, par le Roy, PHELYPEAUX. Et ſcelées du grand Sceau de cire jaune.

Regiſtrées, oüy & ce requerant le Procureur General du Roy, pour eſtre executées ſelon leur forme & teneur, & copies collationnées, envoées aux Bailliages, Senéchauſſées & autres Sieges Royaux du Reſſort, pour y eſtre leuës, publiées & regiſtrées; Enjoint au Subſtitut du Procureur General du Roy, d'y tenir la main, & d'en certifier la Cour dans un mois, ſuivant l'Arreſt de ce jour. A Paris en Parlement le ſeptiéme Janvier mil ſept cent un.

Signé, DONGOIS.

FIN.

www.ingramcontent.com/pod-product-compliance
Ingram Content Group UK Ltd.
Pitfield, Milton Keynes, MK11 3LW, UK
UKHW020549180726
13838UKWH00001B/126

9 782329 351247